U0732266

MIDDLE–EARTH PUZZLES

指环王
中土谜题

H.P.H 哈尔滨出版社
HARBIN PUBLISHING HOUSE

黑版贸审字08-2018-048号

图书在版编目（CIP）数据

指环王·中土谜题 /（英）蒂姆·德都普鲁斯（Tim Dedopulos）著；张帆译. —哈尔滨：哈尔滨出版社，2020.1

书名原文：Middle-Earth Puzzles

ISBN 978-7-5484-4230-1

Ⅰ. ①指… Ⅱ. ①蒂… ②张… Ⅲ. ①智力游戏—通俗读物 Ⅳ. ①G898.2

中国版本图书馆CIP数据核字(2018)第188010号

书　　名： 指环王·中土谜题
ZHIHUANWANG·ZHONGTU MITI

作　　者： [英] 蒂姆·德都普鲁斯 著
译　　者： 张　帆
责任编辑： 杨浥新　李维娜
责任审校： 李　战
封面设计： 仙境设计

出版发行： 哈尔滨出版社（Harbin Publishing House）
社　　址： 哈尔滨市松北区世坤路738号9号楼　**邮编：** 150028
经　　销： 全国新华书店
印　　刷： 鹤山雅图仕印刷有限公司
网　　址： www.hrbcbs.com　www.mifengniao.com
E-mail： hrbcbs@yeah.net
编辑版权热线： （0451）87900271　87900272
销售热线： （0451）87900202　87900203
邮购热线： 4006900345　（0451）87900256

开　　本： 889mm×1194mm　1/16　**印张：** 4.5　**字数：** 72千字
版　　次： 2020年1月第1版
印　　次： 2020年1月第1次印刷
书　　号： ISBN 978-7-5484-4230-1
定　　价： 42.80元

凡购本社图书发现印装错误，请与本社印制部联系调换。
服务热线： （0451）87900278

MIDDLE-EARTH PUZZLES

指环王

中土谜题

[英]蒂姆·德都普鲁斯◎著

张帆◎译

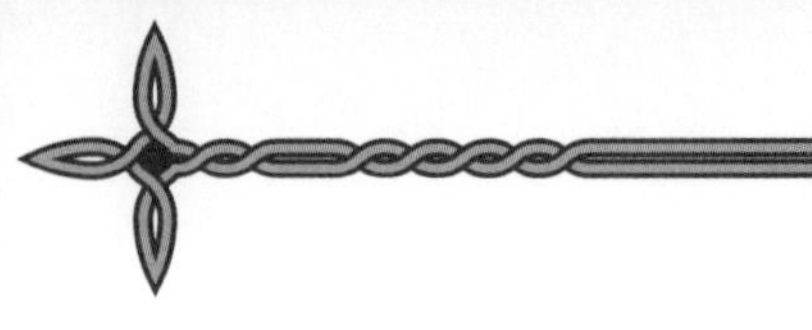

目录

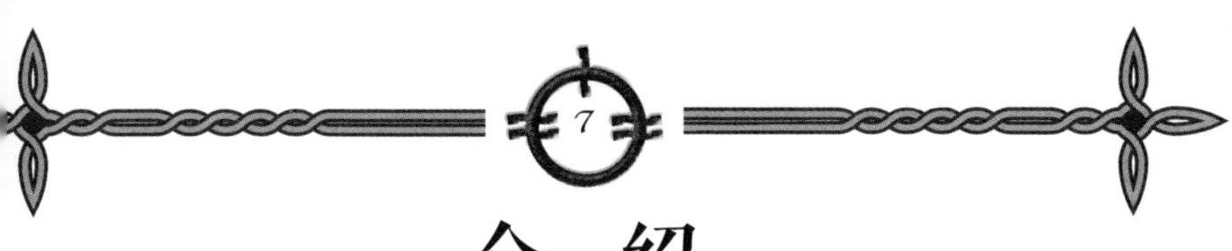

介 绍

在全球所有的奇幻小说中，无论是知名度，还是认知度，都没有哪一部著作能够超越J·R·R·托尔金“中土世界”系列。《霍比特人》和《指环王》在全球范围内成为现象级的著作，以至于本来在人们眼中有些不合潮流的奇幻小说，变成了当今最受欢迎的文学流派之一。

在托尔金的著作中，《指环王》造成的影响尤为深远，在所有主题为“二十世纪最具影响力书籍”的读者问卷调查中，都毫无悬念地名列榜首。在《指环王》现象的作用下，“中土世界”成为一块文化试金石，其效力既不亚于古希腊的神话和传说，也不亚于古埃及法老奥秘。

我在编写本书中的谜题时，尽量贴合了中土大地的风土人情，希望能够让各位读者从中得到乐趣，同时在解谜的过程中浅尝托尔金巨著的伟大之处。

[英]蒂姆·德都普鲁斯

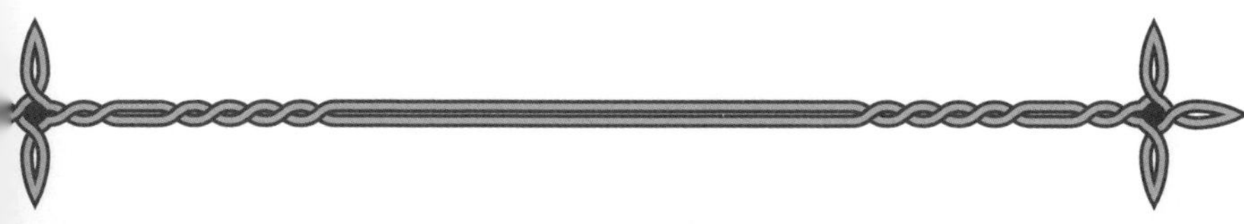

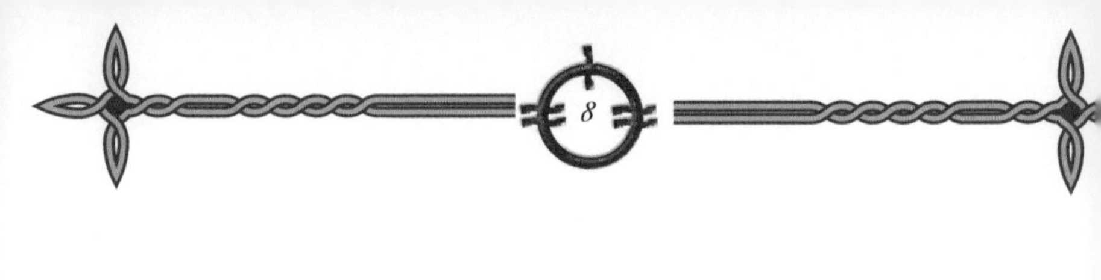

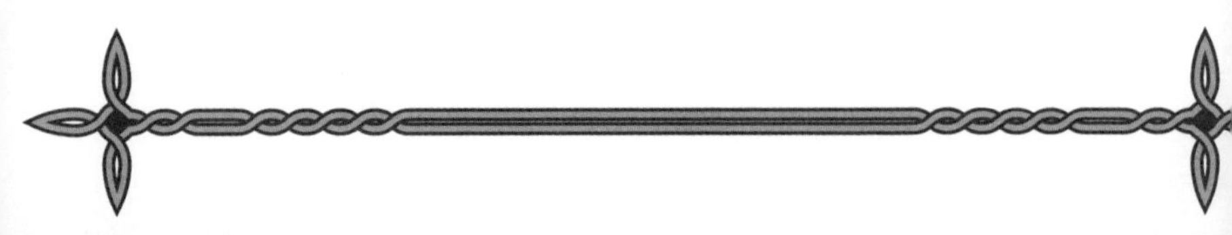

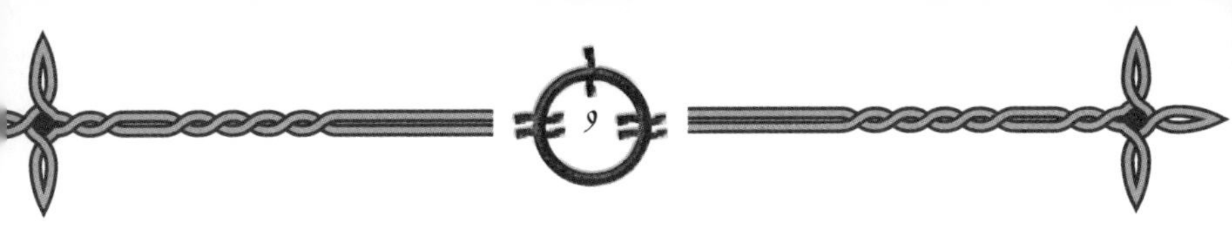

谜题

背离家门路漫漫，目指远方尽力行。

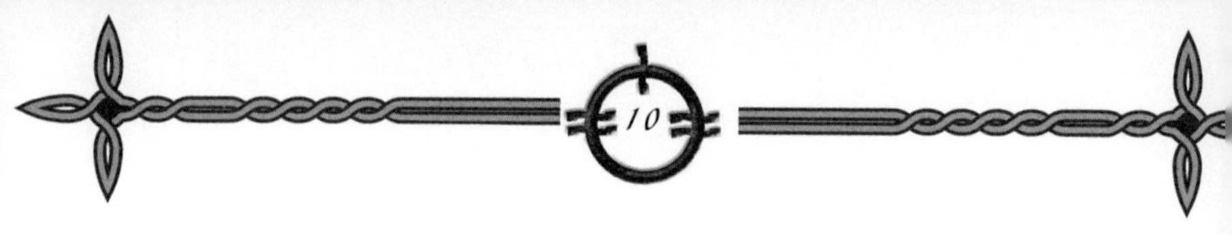

《雄鹿地大绿典》

令人们感到庆幸的是，从第三纪元结束时得以流传下来的不止有《西境红皮书》和《图克镇年鉴》。在烈酒厅错综复杂坑道的深处，雄鹿地的族长们收藏有一本特点鲜明的奇书，书本装帧在斑驳的绿色皮质封面中，令人不禁想到老林中的树叶。书中记录的既不是历史，也不是族谱，而是智慧的结晶——至少在某种程度上的确如此，因为书中记录了数以千计的谜题。即便语言学家绞尽脑汁，书中的一些谜题仍让我们不知所云，但也有一些保留了智慧的光芒，能让人醍醐灌顶。在本书之后的全部篇幅中，笔者收录了一部分此类谜题，下面这一题就可以让大家稍微领略一下其中智慧的锋芒。

我是一棵树，身形修长，却只有一片树叶。
如果生长如常，我就会一命呜呼。
但如果被扼杀在襁褓之中，我反倒能颐养天年。
我的果实不过像葡萄一样大，却能填满整座房间。

那么我是谁呢？

答案见 106 页

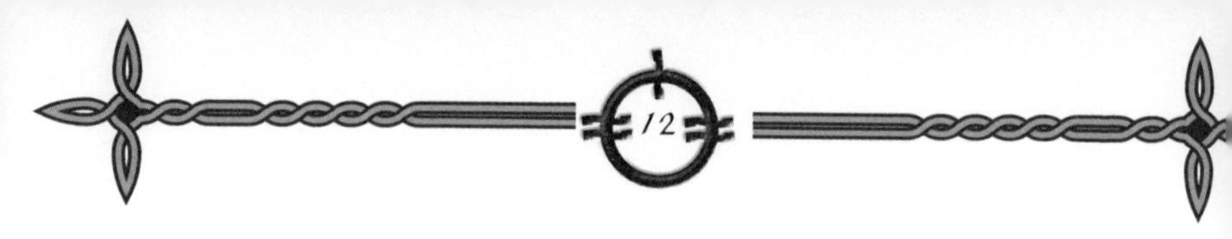

举棋不定

摘自《雄鹿地大绿典》：

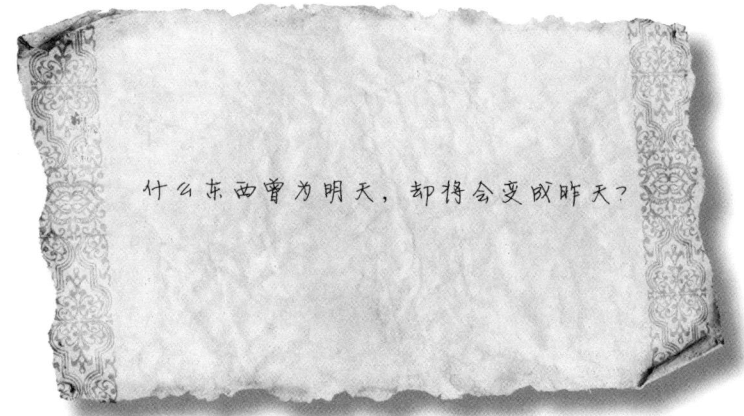

答案见 106 页

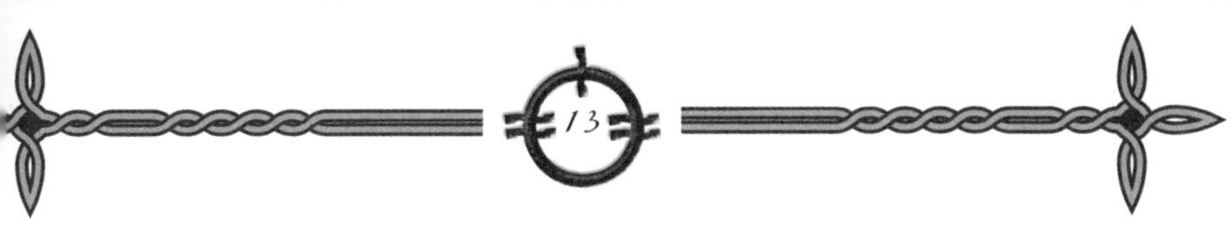

伟大之处

第三纪元十一世纪时，几位生活在瑞文戴尔诺多的精灵起了口舌之争，令爱隆王不胜其烦，最终决定直接询问埃斯塔力们自己的意见，即在他们五人中，谁的力量最为高强？

帕兰多和埃文迪尔都缄口不言，后者是因为对此事完全不感兴趣，而前者则是因为当时事务繁忙，难以抽身。剩下的三位都发表了自己的意见，至少看起来算得上是吧。

“那肯定是欧络因了。”阿拉塔如是答道。

可敬的欧络因却并不以为然，说道：“阿拉塔实在是太客气了，我不是力量最高强的。”

“我肯定算不上最高强的。”库茹莫也发表了自己的意见。

之后，巫师们就离开了瑞文戴尔，各忙各事去了。爱隆王发现几位精灵又要开始争辩，便马上打断了他们，对聚在一起的精灵们说道：“我们的巫师朋友们都太谦虚了，以至于三个人里面只有一个人说了真话。”

那么在现身的三位中，谁的力量最为高强呢？

答案见 106 页

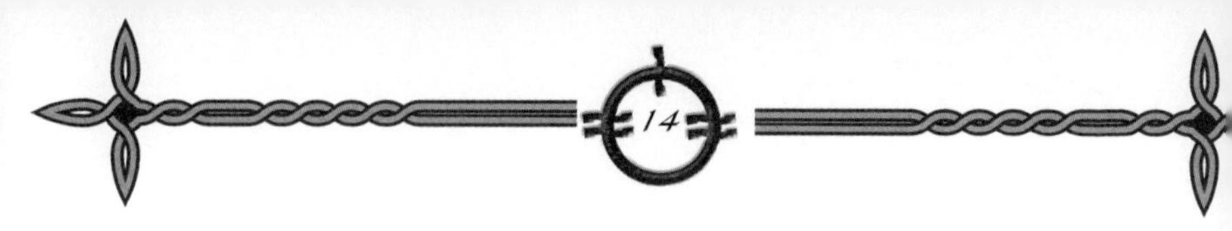

五军之战

发生在孤山山坡上的五军之战昏天暗地，惨烈程度令人发指。即便如此，在完全击败兽人，并悼念完逝者之后，索林的几位同伴却争吵了起来，原因是每个人都认为自己在战斗中的表现最为英勇。

多利坚称自己在战斗中的表现最为英勇。“波佛每杀死两个哥布林，我就干掉了五个。我可是数得很清楚的！”

“也许正如你所说，”波佛答道，“但是，你每杀死三个哥布林，站在那边的诺力就会干掉四个。你每杀死一个哥布林，挥锤的次数都相当于诺力的五倍，而我可是比诺力还要厉害，我挥锤三次的杀敌数量，就相当于诺力的五次。”

“快别在那里算计了，”多利答道，“做你们对手的哥布林都太弱小了。诺力虽然杀敌如麻，但他面对的哥布林也许要四个才能顶上你的一个，而我面对的哥布林则更加强壮，一个就能顶上你的三个。所以说无论是杀敌速度，还是挥锤效率，抑或是对手的强大程度上，我都是最棒的。”

那么多利的确是最英勇的吗？

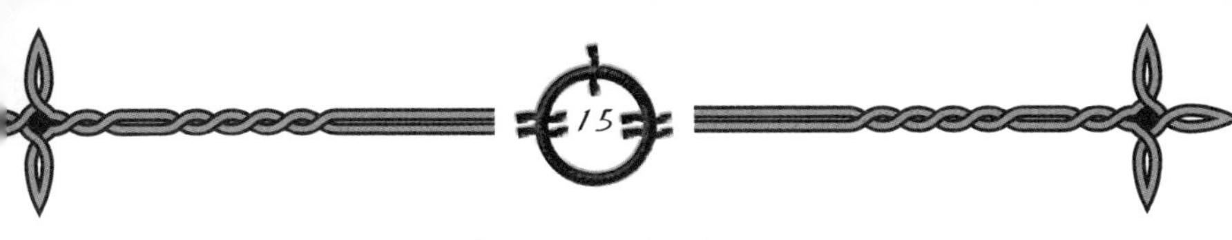

生死时速

艾明莫尔是环绕南希索湖的高地，其上山石嶙峋，危机四伏，生命为了生存要进行激烈且残酷的斗争，所以通常转瞬即逝。佛罗多和山姆进入高地后，在其沟壑内迷失了方向，直到数日后才被咕噜姆找到。在进入高地第三天的下午，二人被一只夺路奔逃的小动物吓了一跳，定睛一看，才发现这只长相丑陋的倒霉蛋正在被另一只动物追赶，其丑陋程度不遑多让，只是身形要大得多。

他们看着这两只动物一路奔跑，直到在一个远处的拐角消失不见，然后山姆说道："在我看来，那只长得有点像獾的小家伙跑得更快，后面那只长得又像狗、又像蜥蜴的家伙肯定追不上它。"

"也许并非如此，"佛罗多答道，"山姆，虽然我不是太确定，却觉得那个大家伙每秒钟能跑12英尺，而且一点也没有慢下来的迹象。在我看来，这家伙能一直跑上五分钟，才会因为体力不支而放缓追赶的步伐。"

"也许你是对的，但是那只像獾一样的小家伙跑起来就像风一样，速度肯定要比那个大家伙快了$\frac{2}{3}$，即便它正在不断地减速，但减速的幅度也不过只有每15秒1英尺。

那么被追赶的小动物能成功逃生吗？

答案见107页

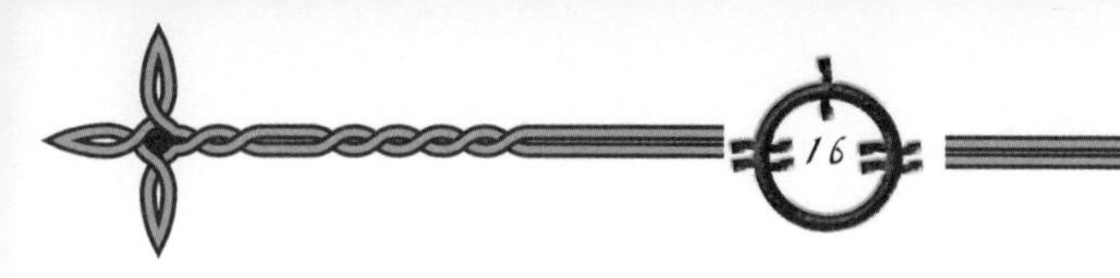

野兽之谜

摘自《雄鹿地大绿典》：

有一种野兽，我对他既爱又恨。
他有动物的脑袋，但身体却是由木头和金属组成的，更奇怪的是，他的尾巴是人类。
他的脑袋总是要四处走动，却缄口不言。
他的身体总是饕餮暴食，但却无法饱腹。
他的尾巴一旦有机会，就会喋喋不休。

那么他到底是什么？

答案见 108 页

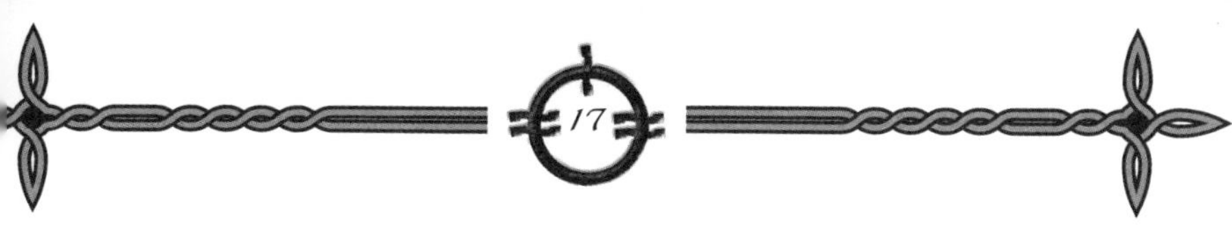

甘姆维奇

如果从霍比屯出发去往甘姆维奇，那么儒绍克沼泽西面的一段路就是必经的要道。这段道路周围的景色会令人感到十分压抑，至少按照夏尔的标准的确如此。但即便如此，该道仍然是一处咽喉要地，去往针眼洞、道口村、诺布托、小戴尔文的道路也都汇聚于此。所以说，一旦在这里迷路，就会遇到大麻烦。

在1963年发生的大风暴中，该处的指路牌被齐根折断，导致路人面对众多岔路摸不到头脑。如果你那时从霍比屯出发，前往甘姆维奇，那么你会用什么办法来为自己指明旅途的方向呢？

答案见108页

疯人拜格斯

在第四纪元后期的传说中，出现了一则关于一位生活在远古时期的霍比特人的故事，断言此人是夏尔有史以来最大的富豪。他的名字是疯人拜格斯*，缘由则是他装财宝用的口袋。根据传说，拜格斯积攒了200个法新**，之后便从一位法力高强的矮人巫师处盗得了一支魔法烟斗。魔法烟斗可以令人缩地成寸，在其帮助下，霍比特人的财富得到了无休无止的增长。

每年年底，霍比特人的财富都会增加50%，在经历了18年以后，他终于将烟斗还给了巫师，还附上了一封道歉信，并随信送上了一些精美的珠宝。之后，霍比特人就利用自己的财富，将夏尔全境闹得天翻地覆，虽然给人们带来许多欢乐，却也把其他霍比特人的生活搞得鸡犬不宁。

那么疯人拜格斯在还回烟斗的那年手中有多少财富呢？

*Bags，意为口袋。译注

**流通于1961年前的英国铜币，相当于四分之一便士。译注

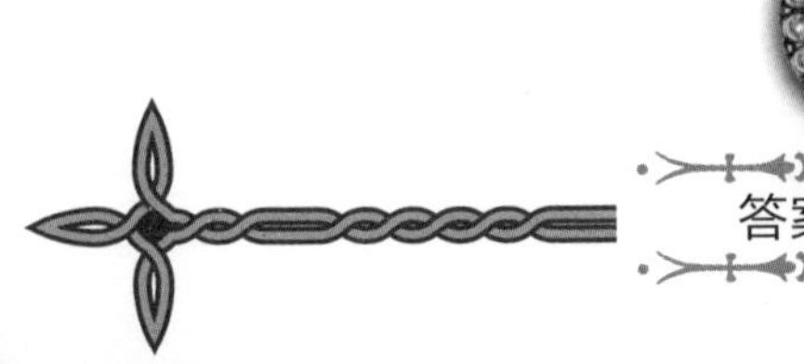

答案见109页

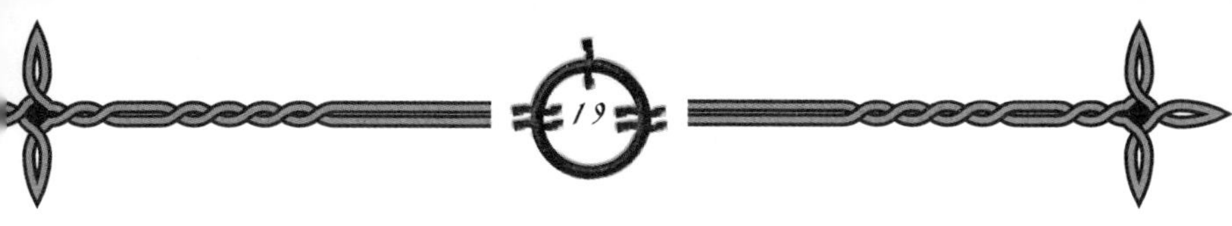

战后休整

波佛、多利和诺力在五军之战前将各自的矮人军用背包堆在了一起。在结束了之前对战果的争论以后，三人便去取回各自的装备，但糟糕的是，在一片忙乱之中，大家都拿错了背包。由于军用背包看起来几乎一模一样，所以想要让每个人都拿回自己的背包，唯一的方法就是打开背包，仔细检查其中的物件，单单是想一下就叫人觉得十分麻烦。

那么如果想让每位矮人都拿到自己的背包，至少必须打开几个背包进行检查呢?

答案见 109 页

傍水镇

甘道夫十分喜爱霍比特人，在其眼中，霍比特人无论是怪癖，还是可爱之处，都十分有趣。一天，在魔戒掀起轩然大波前，甘道夫坐在傍水镇的常青藤酒馆外享受着平静的午后时光，一边抽着烟斗，一边听着一位老霍比特人对自己氏族源源不断的牢骚。这位老霍比特人的名字是科尔姆·科鲁科托，由于他的记忆出现了点问题，讲述时有些颠三倒四，以至于听众都搞不清他到底是对谁有所不满了。

“说句实话，整个氏族的人都一无是处，”老霍比特人抱怨道，“浩博是个头脑简单的蠢蛋，即便叫他开一桶啤酒，也要在旁边盯着他，否则就绝对无法让人放心。我是在说浩博吗？不，应该是在说波姆……哦，反正不是浩博就是波姆。还有托德，这家伙脑袋的大小一个顶五个，自以为是到让周围的人唯恐避之不及，简直就是个不折不扣的万事通。我是在说罗恩吗？要不就是浩博。呸!波姆的脾气简直糟透了，不，脾气不好的也有可能是浩博，还有可能是托德。幸运的是，他虽然脾气不好，却手无缚鸡之力。另外，罗恩还是个无可救药的酒鬼，这绝对没错。嗯，好吧，我说的酒鬼不是罗恩就是波姆。正如我所言，整个氏族的人都是屃包，幸好还有我在，氏族才没有遇到什么大麻烦。”

这实在是太幸运了。那么在老科尔姆的眼中，氏族中的每个人分别有哪些毛病呢？

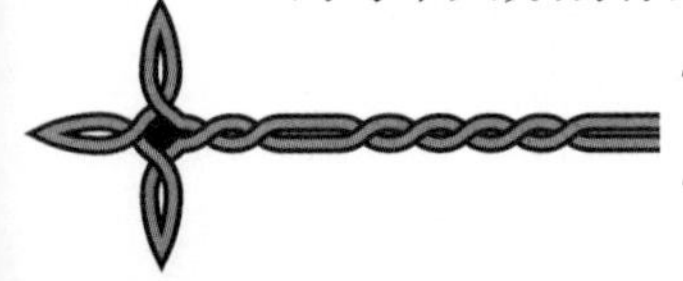

答案见 110 页

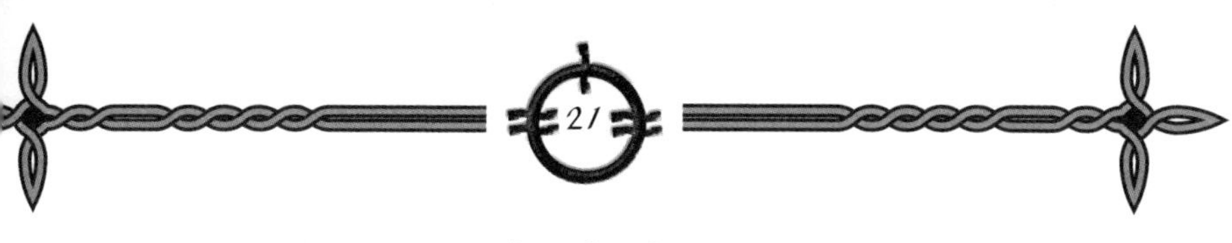

殉难者

摘自《雄鹿地大绿典》：

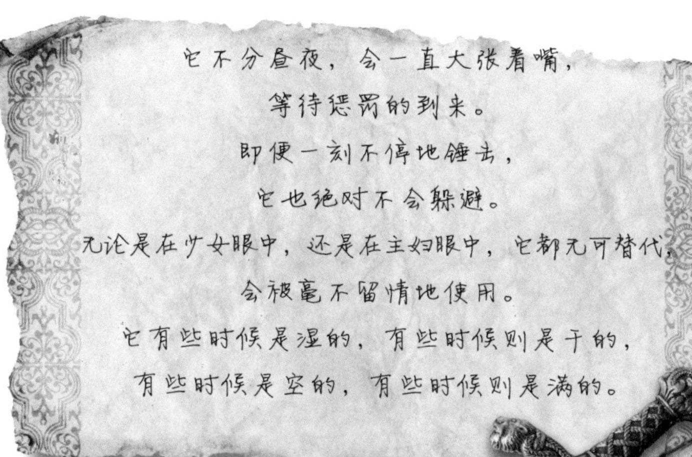

它不分昼夜，会一直大张着嘴，
等待惩罚的到来。
即便一刻不停地锤击，
它也绝对不会躲避。
无论是在少女眼中，还是在主妇眼中，它都无可替代，
会被毫不留情地使用。
它有些时候是湿的，有些时候则是干的，
有些时候是空的，有些时候则是满的。

那么它到底是什么?

答案见 110 页

站立

摘自《雄鹿地大绿典》：

如果我正站着，

那么首先迈出去的就将会是什么？

答案见 110 页

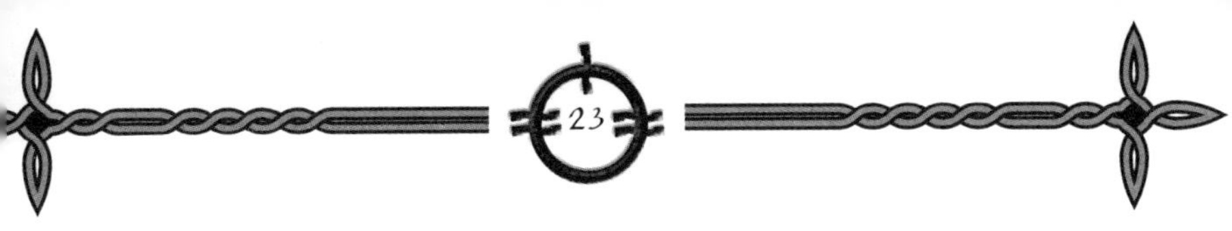

家族关系

众所周知，霍比特人十分喜欢钻研关于祖先和家族的细节。正如只有根系强健的橡树才能经受得住风暴的吹打一样，只有根深蒂固的家族才不会因为发生变故而分崩离析。所以说，在仲夏时节一个漫长的夜晚，哈姆法斯特·詹吉和儿子山姆·卫斯坐在绿龙酒馆中，讨论着自家远亲间的复杂关系，也就不足为奇了。

“老爹，问题是这样的，”山姆说道，“据我所知，尼克·科顿的女儿罗温与我有同一个曾曾祖父，但是比我小了一辈。这倒是没啥问题。但令我琢磨不明白的是，她的祖母与我的女儿会是什么样的关系呢？“

“这有啥不明白的呢？肯定是祖母啊！”哈姆法斯特道，“尼克不是你老婆罗西的弟弟吗？”

山姆不停地摇头：“不不不！我的意思是从我这边排辈。既然罗西是我的老婆，那么罗温不就是我的侄女了吗？”

两人到底是什么关系呢？

答案见111页

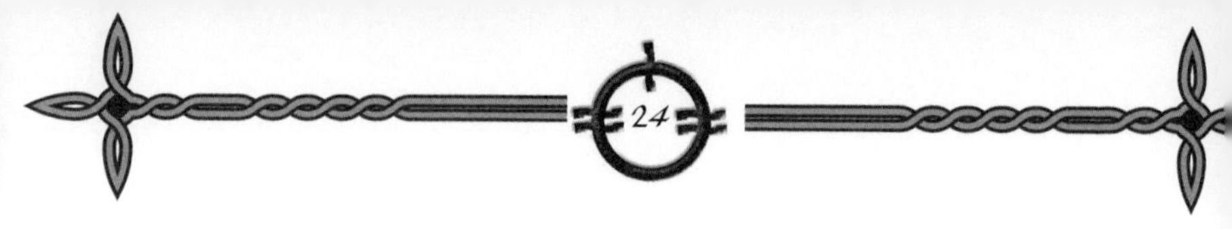

排兵布阵

在五军之战开始前，林地王国国王瑟兰迪尔率木精灵军队布阵于孤山周围，想要通过围困的手段，让索林转变获得宝藏之后粗鲁无礼的态度，变得更慷慨一些。随精灵国王出征的有1000名平民，此外还有23位贵族。长湖镇的巴德此时也在与国王一起围困索林，提议国王像人类一样部署军队，将兵力分为23组，每组有43到44位士兵，各由一名贵族带领。瑟兰迪尔感谢了巴德的建议，却更喜欢自己制定的排兵布阵方法。“按照这样的排兵方法，”精灵国王说道，“我的兵力就只需分为10组，而且能够按照战场需要投入任何数量的兵力，不论是一名士兵，还是所有士兵，同时还不需要将任何一组拆分开来。”

那么精灵的军队是如何部署的呢？

答案见 111 页

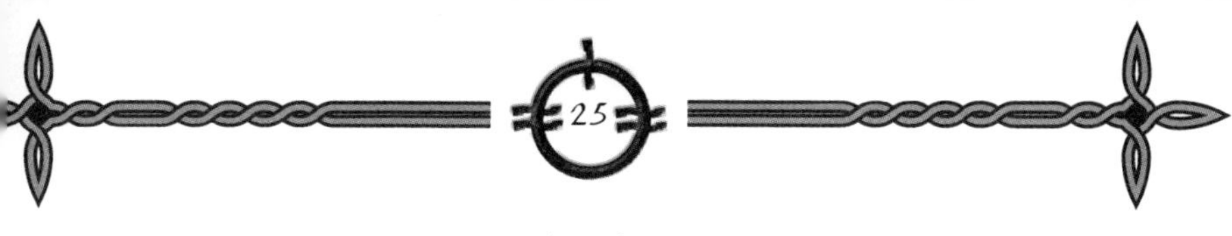

班多

年轻的班多一筹莫展，而其好友埃尔林却一点忙都帮不到。

“我有三个苹果，”班多说道，“这三个苹果的重量再加上一个桃子，就正好等于十个李子。”

“没错。”埃尔林道。

“如果单独把桃子拿出来，那么它的重量就与六个李子和一个苹果的重量相等。”

“如果你说是，那就是呗。”

班多叹了一口气：“那么我想知道的是，如果单单用李子计算的话，这个桃子相当于多少李子呢？”

埃尔林轻轻地打了个嗝：“不知道。只不过吃起来还真是美味啊。”

那么答案是多少呢？

答案见 112 页

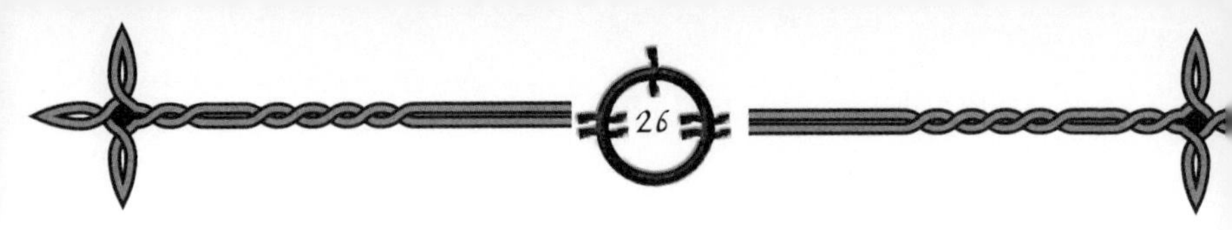

淡啤酒

“我的天那！我的天那！”比尔博一边惊恐万分地四处奔走，嘴里一边嘟囔着。袋底洞里到处都是矮人，似乎每个矮人都下定了决心，想要胡吃海塞，一直吃到让比尔博无家可归。这帮矮人喝起酒来尤其地不要命。

比尔博手忙脚乱地跑进了厨房，向两个酒罐分别倒入了一夸脱的黑啤酒和一夸脱的淡啤酒。之后，比尔博在听到突然有人要黄油的同时，还听到了家具四分五裂的声音，以至于心不在焉地拿起了装淡啤酒的酒罐，向黑啤酒中倒了一些淡啤酒。在发现自己犯错之后，他一边把所有的矮人和巫师骂了个遍，一边放下淡啤酒酒罐，然后拿起黑啤酒酒罐，向淡啤酒中倒回了一些酒，直至两个酒罐中又都分别正好有一夸脱的啤酒。

在为矮人们端酒时，比尔博不禁思考，现在是黑啤酒中掺了更多的淡啤酒呢，还是淡啤酒中掺了更多的黑啤酒呢？

到底是哪种情况呢？

答案见 112 页

好伙伴

摘自《雄鹿地大绿典》：

有四位了不得的好朋友。

他们形影不离。

但他们却极少碰面。

早在天地创立之初，他们就已经行走于世了。

那么他们是谁？

答案见 113 页

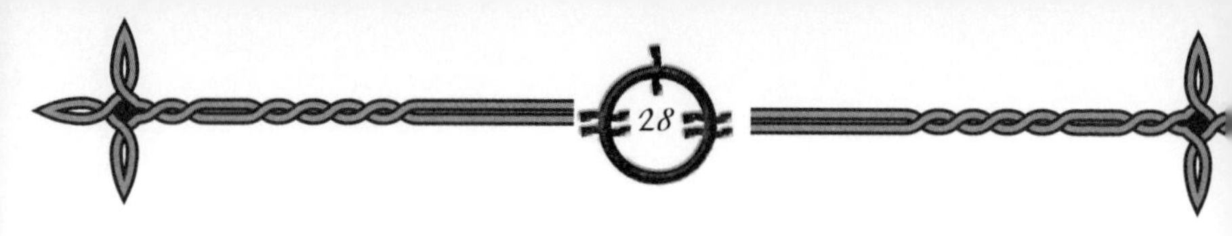

年龄

根据《西境红皮书》的记载，有一个名叫法斯崔·古尔德的人，他一生有六分之一的时间是小孩，有四分之一的时间是青年，有一半的时间是成年人，最后九年的时间则是一位受人尊重的长者。那么他去世时有多大年纪呢？

答案见 113 页

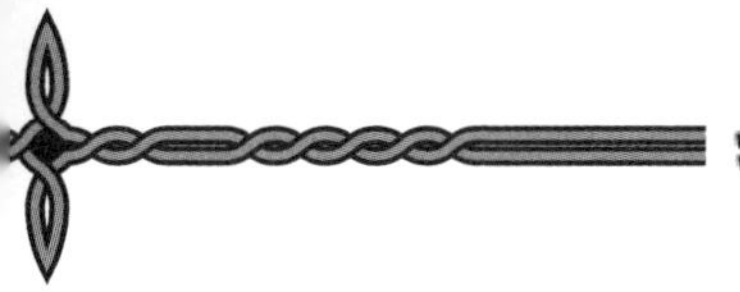

金脊

“大家都是这样评论那头名叫特洛加·金脊的龙的——”

“哪头龙？”

“特洛加·金脊啊。大家都说他既聪明，又邪恶。他虽然能够听懂人类的语言，却无法说话，所以只能用姿势表示对错。即便这样，他也只会对一些人说实话，对另一些人则会说谎。此外，只要对一个人说过了实话，那么他就会一直说实话，反之亦然。”

“所以这就是大家说他既聪明又邪恶的原因，没错吧？”

“我想是这样的。这的确是让人摸不着头脑啊。”

“才不是呢，解决这个问题简单得不能再简单了。我只需一个问题，就能判断出他是不是在说谎。”

你能做到吗？

答案见113页
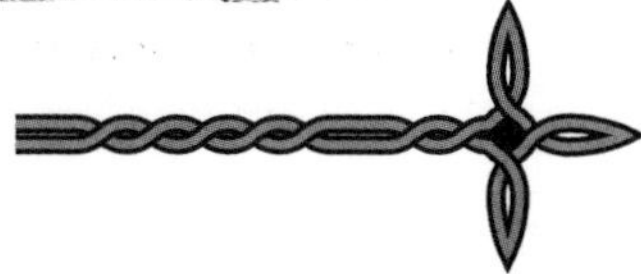

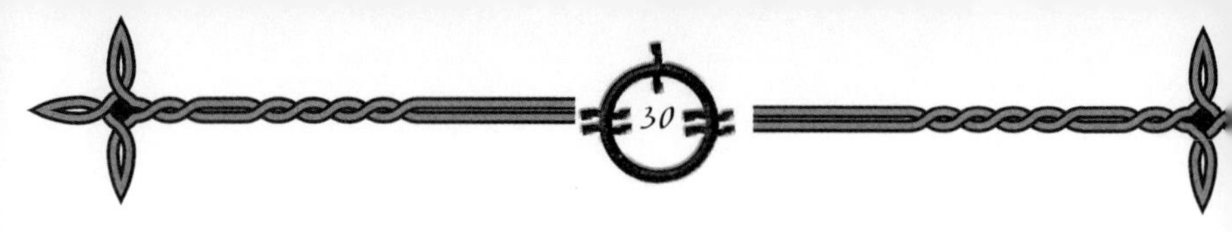

活力无限

摘自《雄鹿地大绿典》：

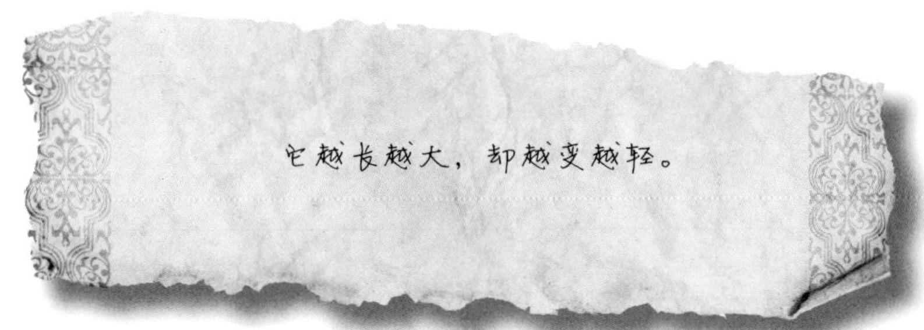

那么它是什么呢？

答案见 114 页

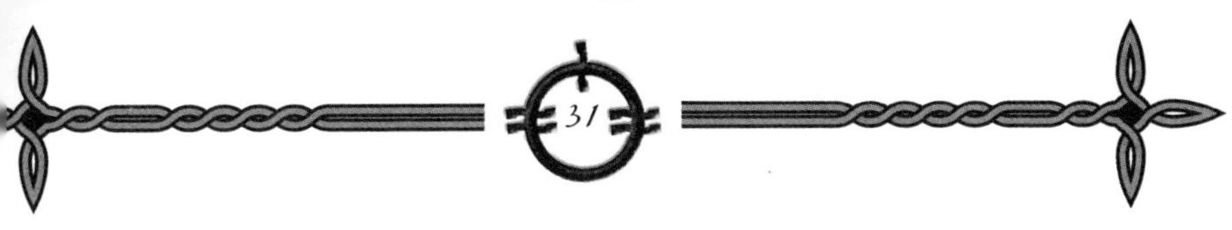

歌手

摘自《雄鹿地大绿典》：

我身体轻盈，头顶素裹，
我周身系有绳索。
我经常被猛烈地敲击，
声音响彻庭院，飞越田地，爬上山坡。
世界上任何地方发生了紧急事件，
都一定能听到我的声音。
我既有可能召唤大家前来唱歌、跳舞，
也有可能伴随人们行军打仗，战死沙场。

那么我到底是什么呢？

答案见 114 页

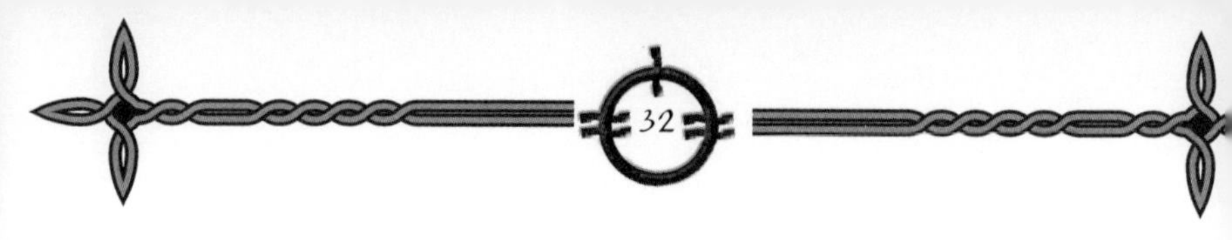

入侵者

波洛克·波特是岩崖村的居民。一天他正坐在草地上，百无聊赖地消磨着时间，却突然看到好友萨拉达斯上气不接下气地向自己跑来。

“波洛克，你必须马上回家，一刻也不要耽误。你太太波丽斯卡现在正和一个陌生人躺在床上呢！”

波洛克脸色苍白，拔腿以最快的速度向家的方向冲去。在跑上楼以后，他发现萨拉达斯所言丝毫不差。波丽斯卡就躺在床上，身上几乎一丝不挂，怀里正搂着一个波洛克从来都没见过的人。波洛克见状，笑得合不拢嘴，马上跳上了床，与二人躺到了一起。

这到底是怎么回事呢？

答案见 114 页

摩瑞亚

矮人是一个严格坚守节俭原则的种族，即便是在凯萨督姆的全盛期，财富最为富足时，矮人们也认为勤俭节约是明智之选。每天早上，建筑师纳尔维都必须用事先雕刻有数字的巨大石板，在自己的工作分配记录板上记录工作任务。每天他都会接受4项任务，每项任务的编号都必须遵循建筑目录的要求，也就是说纳尔维手中的石板必须能够展示1到999中的任意一个数字。

那么纳尔维想要记录自己的任务，就至少准备多少块石板呢？

答案见115页

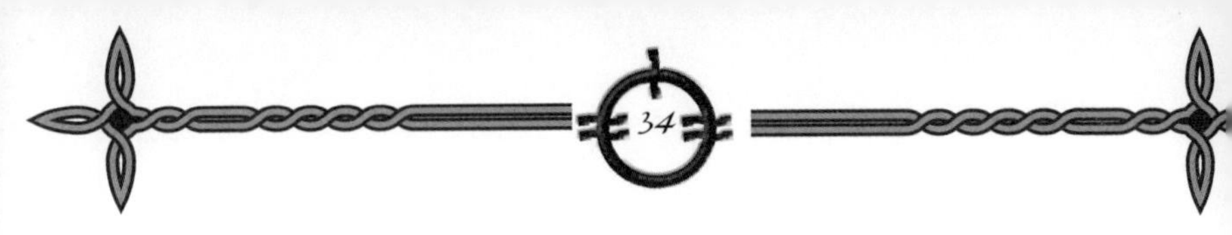

礼物

摘自《雄鹿地大绿典》：

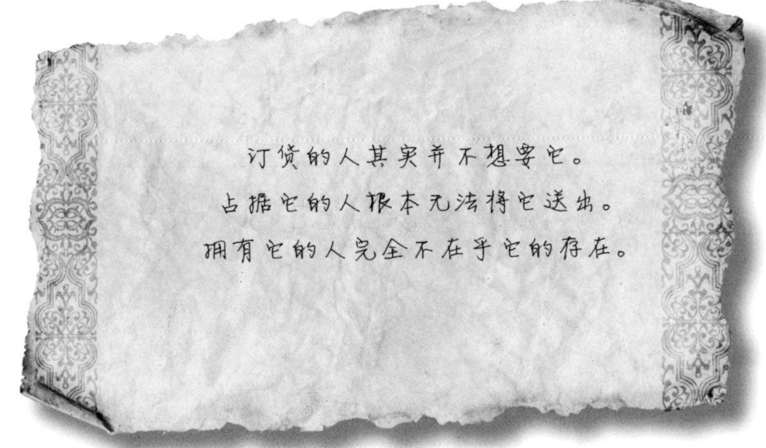

那么它是什么？

答案见 115 页

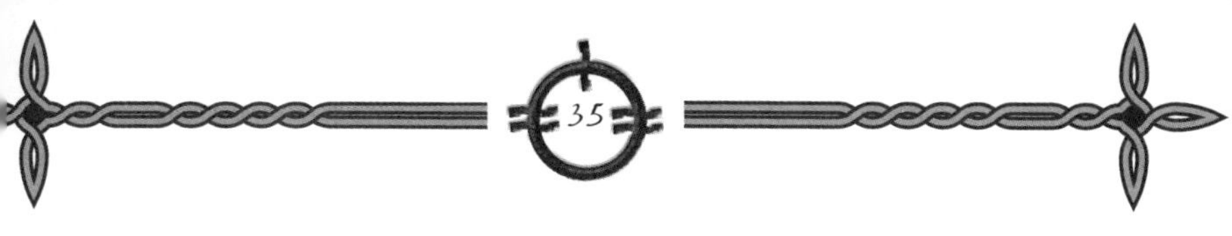

通讯问题

颠倒是非并不是战争对社会生活造成的唯一损害。在多事之秋，通讯变得困难重重，以至于传递至关重要的消息的信件被送出后经常会杳无音信。

即便是在结束第三纪元的大战开始之前，信件是否能够到达目的地，也是难以预知的事情。据估计，随着中土局势的恶化，每六封信中，就有一封无法到达目的地，有时会因此造成十分严重的后果。

那么寄信人到底有多大的概率，可以收到寄出信件的回复呢？

答案见116页

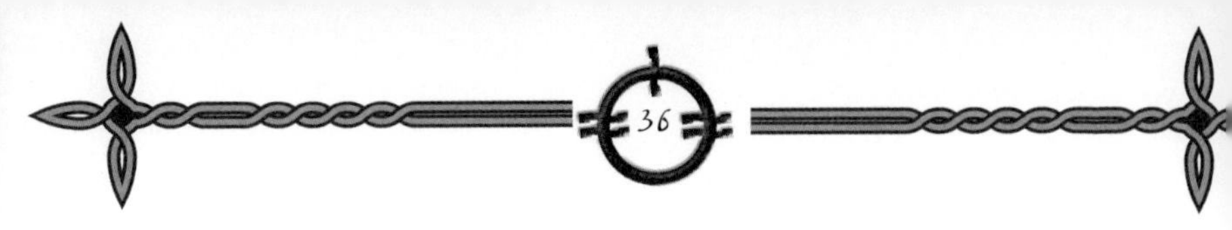

百折千转

摘自《雄鹿地大绿典》：

那些用蛮力横冲直撞做不到的事情，
我只需轻轻一触便可实现。
许多人都会变得目光呆滞，站在原地无所适从，
而原因只是，他们找不到我这个不可或缺的好朋友。

那么我是谁呢？

答案见 116 页

遗嘱

雅西顿的亚拉佛在年轻时创下了丰功伟绩，击退了巫王的军队，之后便在长达将近两个世纪的时间中，担起了治理亚尔诺王国的重任。然而，随着年岁渐高，亚拉佛变得有些性情古怪。在定立遗嘱的时候，这位国王决定要留下自己一生最后一个惹人烦恼的玩笑。

他往一个大箱子中装入了1500个金币，但他留下的分配指示却令人感到十分棘手。每位受益者分得的遗产都与一个特定的数字存在一定的关系，但国王却不愿意指出这个数字。根据遗嘱，长子分得金币的数量相当于该数字的平方，女儿分得的金币相当于该数字的一半，首席大臣分得的金币比该数字多两枚，小儿子分得的金币正好等于该数字，妻子分得的金币比该数字少两枚，管家分得的金币相当于该数字的一半，而自己朴素葬礼的花费则只相当于该数字的平方根。

那么大家都各自分到了多少金币呢？

答案见116页

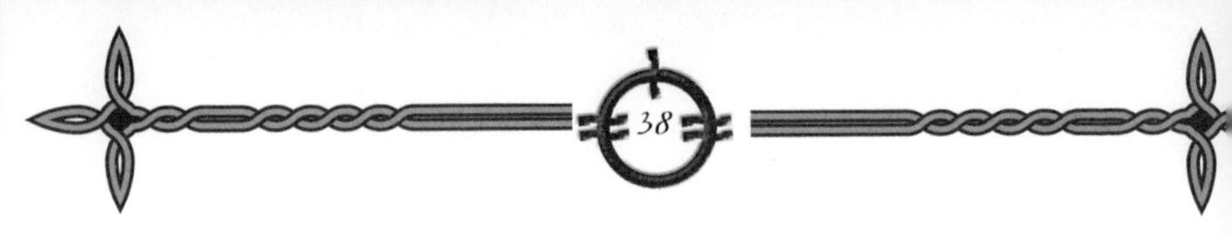

叛徒

埃尔隆德身边出了个大叛徒，现在正以客人的身份，藏身于瑞文戴尔的大厅中。埃尔隆德利用精湛的魔法，将嫌疑人的范围缩小到了一小撮人，在昨天发生那件不幸事件时，他们每个人都在独处，没有不在场证明。魔法只能指出，叛徒在事件发生时身处起居室，此外只要能够将叛徒揪出来，其他人当时身在何处也就一目了然了。

根据调查，瓦尔拉瓦尔当时不是在楼上的花园，就是在大厅，要不就是在大阳台。其他人也存在同样的问题，都无法确定准确的位置信息。卡斯特吉尔不是在起居室，就是在楼上的花园。奥斯托尔不是在大厅，就是在楼上的花园，要不就是在宴会厅。安拿迪尔可能在宴会厅，也有可能是在起居室，还有可能在楼上的花园。西瑞安可能在大厅、图书馆、大阳台、起居室这四处中的一处。最后，塔龙德有可能在楼上的花园、图书馆、宴会厅、大阳台这四处中的一处。

那么到底谁才是叛徒呢？

答案见 117 页

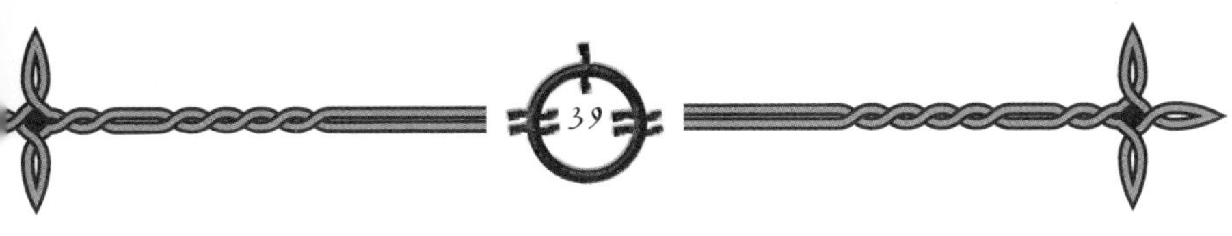

蛇蝎之爱

摘自《雄鹿地大绿典》：

这位女士的吻甜美入骨，令人心醉神往，
但她却对喜欢自己的绅士说道：
“如果你爱上了我，就只会深受其害。”

那么她到底是谁呢？

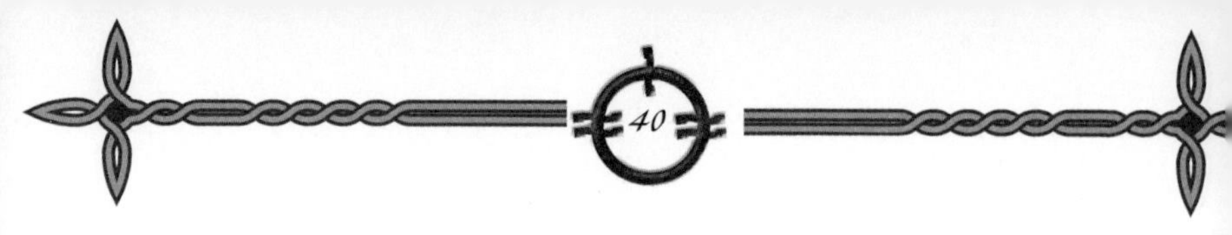

色斯文 一

刻有矮人符文的石板通常含有很多无用的信息，目的是为了增加解读的难度。所以，在正式开始解读符文的内容前，必须剔除石板上多余的符文。剔除的规则为，保证每行、每列中，所有的符文都只出现一次。此外，除了多余的符文必须被删除掉，还有两条额外的规则，其一为，无论是在水平方向，还是在垂直方向，删除的符文都不能处在相邻的位置；其二为，在水平或垂直两个方向中的至少一个上，剩余的符文必须与其他符文相互连接，使石板上的符文能够形成一个整体。

你能去除右边石板上的无用信息吗？

答案见 118 页

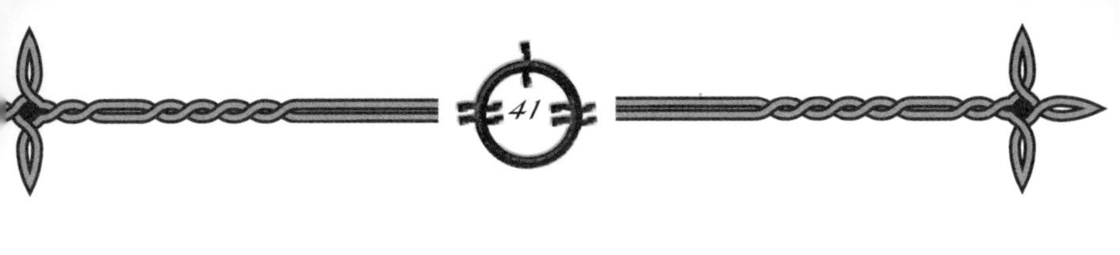

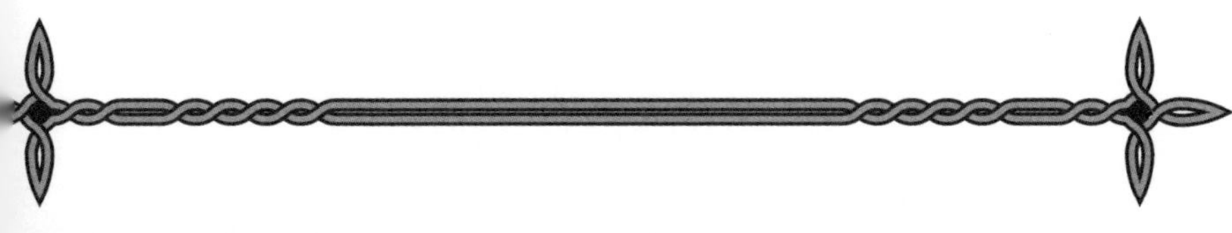

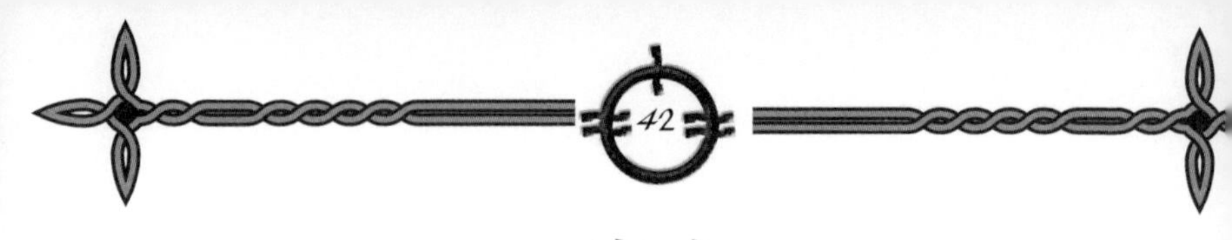

窗户

摘自《雄鹿地大绿典》：

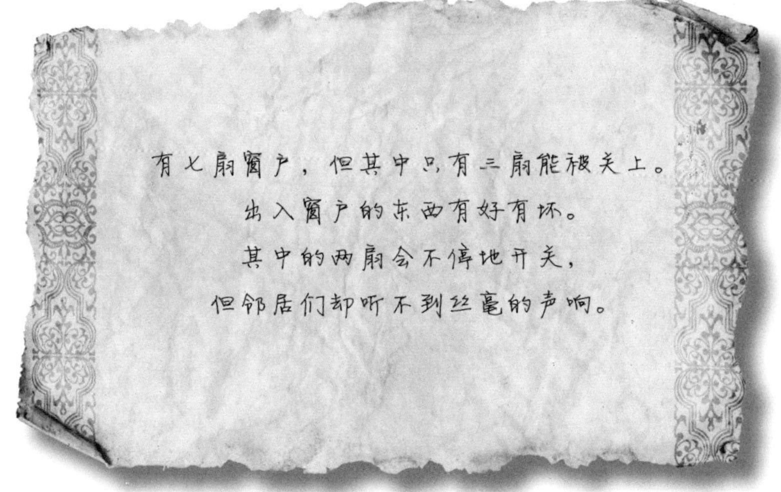

有七扇窗户，但其中只有三扇能被关上。
出入窗户的东西有好有坏。
其中的两扇会不停地开关，
但邻居们却听不到丝毫的声响。

那么这是七扇什么样的窗户呢？

答案见 119 页

双胞胎

诺瑞和诺力是一对双胞胎，两个人就像是一个模子里面刻出来的一样，而且与其他双胞胎一样，他们也喜欢在穿衣和行事风格上做到完全一样，并因此乐在其中。两个人唯一真正不同的地方在于，诺瑞只说实话，而诺力则只会说谎。多特对二人早有耳闻，所以在一天早上，当最终面对面见到他们时，他十分淡定地做了自我介绍。之后，就像所有人都会做的那样，多特不禁转头看了一眼双胞胎中站在左边的那位，发问道：“那么你到底是哪一个呢，是那个诚实的吗？”这时站在右边的那位皮笑肉不笑地说道：“这家伙肯定会回答你说，没错，他就是诚实的那个。”

那么到底谁是诺瑞呢？

答案见 119 页

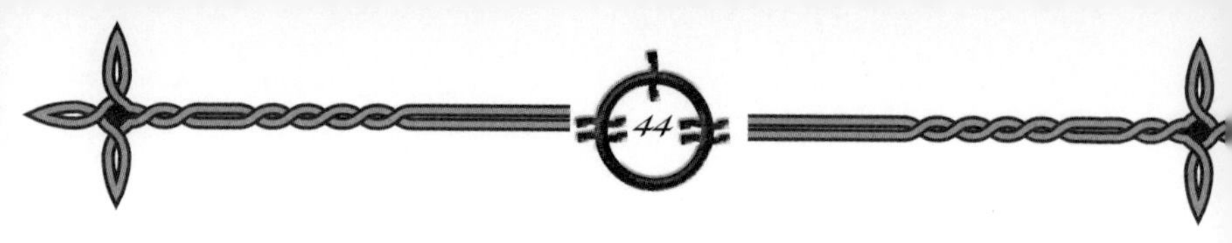

紧追不舍

摘自《雄鹿地大绿典》：

我不停地奔跑，永不歇息，
从来都不会在一个地方停留。
我会周游世界，
任何地点，我都会在同一时间到达。
如果你用英文拼写我的名字，
就会发现，无论从前向后，还是从后向前，
结果都不会发生任何改变。

那么我是谁呢？

答案见 120 页

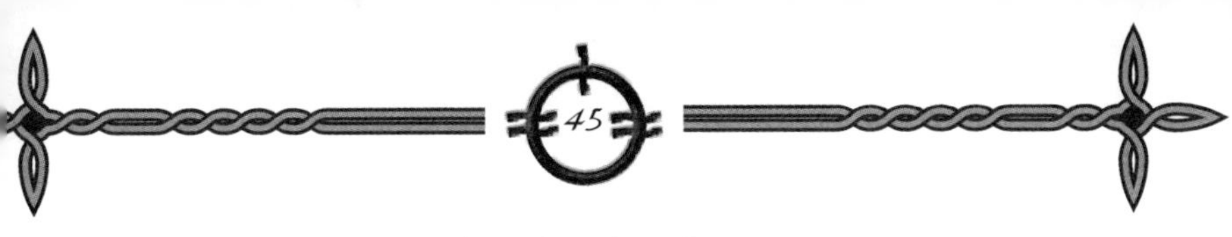

直来直去

在埃多拉斯的警卫室中，三名囚犯被囚禁在狭小的空间内，每个人都阴着脸闷闷不乐。负责审问他们的士兵发现，三个人中有一个人像着了魔一样只说真话，另一个人满嘴谎言，第三个人则像普通人一样，既有可能说真话，也有可能扯谎。士兵到现在还没找到办法，来鉴别出三人各自的诚实程度。

“我不是只说真话的那个。”第一个犯人供述道。

“我不是撒谎成性的那个。”第二个犯人供述道。

“我才不是那种既有可能说真话，也有可能扯谎的普通人呢！”第三个犯人供述道。

那么这三人分别有多诚实呢?

答案见 120 页

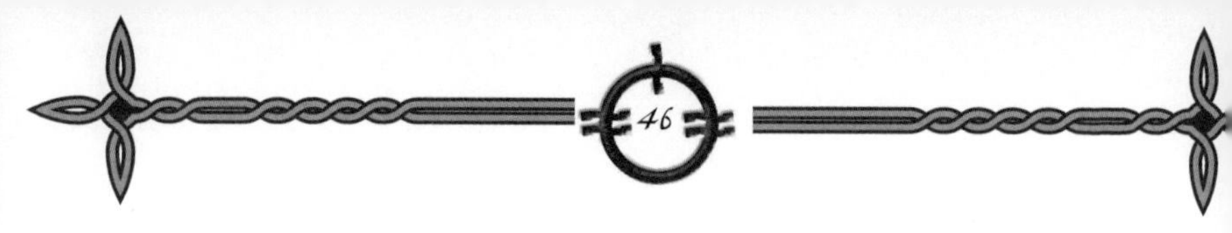

堡垒

摘自《雄鹿地大绿典》：

这座宫殿内到处都是房间，
每个房间中都有一名牧师。
每个房间中的牧师与前一个房间中的一样，
都是被邀请来参加宴席的。

那么我到底是一座什么样的宫殿呢？

答案见 120 页

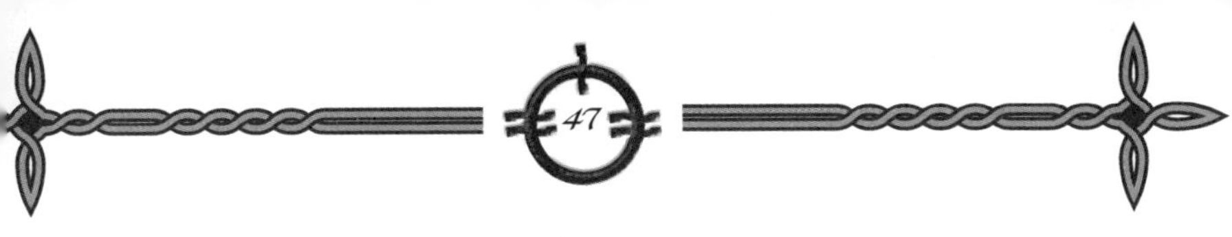

骑手

“那个骑马的愣头小子差点就把我撞倒了！”一位老人站在道路的拐角处，浑身发抖，一脸愤愤不平的表情。“这小子太鲁莽了，简直令人发指。有谁能想到，在这样平静悠闲的道路上，有人会如此不要命地骑马呢！我才走了52步，他就拐过这个弯，一溜烟地跑掉了。我又走了312步才走到拐弯这里，这家伙早就不见了踪影。这些毛头小子简直毫无敬老之心！我可还没有老到走不动路。就像所有头脑清醒的人那样，我每小时的行走速度是不多不少3英里。我可要告诉你，在我年轻的时候，从来没有人这样骑马！”

那么骑手的速度是多少呢？

答案见121页

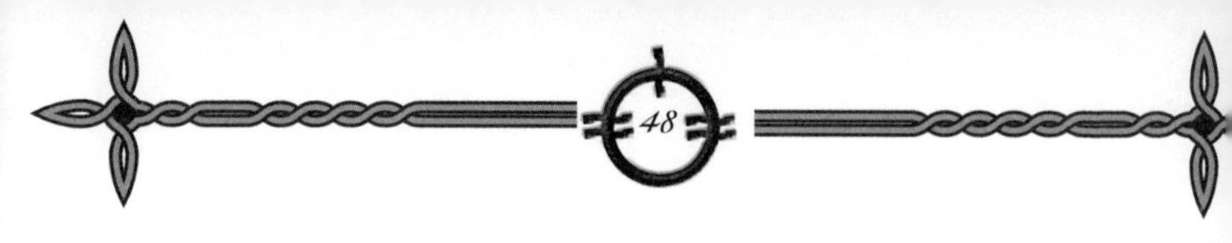

道路

摘自《雄鹿地大绿典》：

那些随身携带我的人，
不管肩负何种任务，都会获得好处，
那些被我缠身的人，会郁郁寡欢，度日如年；
无论是蠢蛋，还是智者，都对我恨之入骨，
但如果没有我的陪伴，任何人都不会出人头地。

那么我是谁呢？

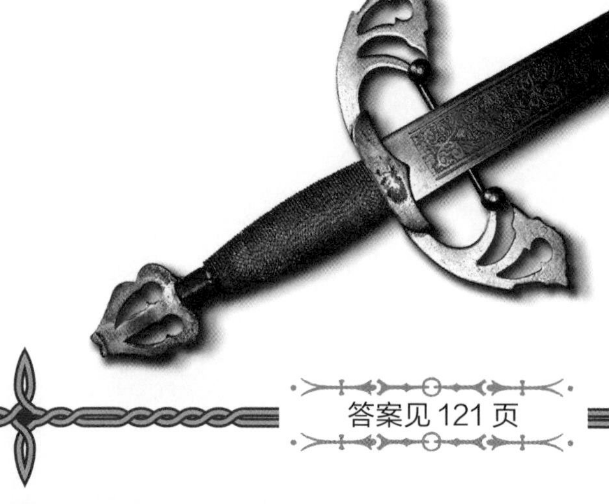

答案见121页

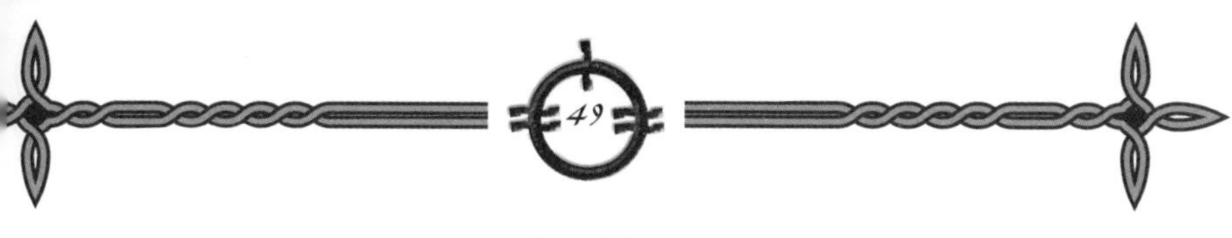

赶集

有三个家畜贩子是老相识，他们在奥德博格某月举行的集市上相遇，便自然而然地开始谈论起各自的畜群了。

“希尔罗，如果我用六只猪换你胯下的马，那么你拥有动物的数量就相当于我的两倍了。”弗拉姆说。

希尔罗点头表示同意：“巴尔德尔，如果我用四头牛换你的马，那么你拥有动物的数量就相当于我的六倍了。”

“你说得没错，但如果我用14只羊去换弗拉姆的马，那么他拥有动物的数量就是我的三倍了。”巴尔德尔说。

之后三个人都开怀大笑，觉得用家畜换马的想法十分怪诞。但即便如此，他们每个人分别都拥有多少只动物呢？

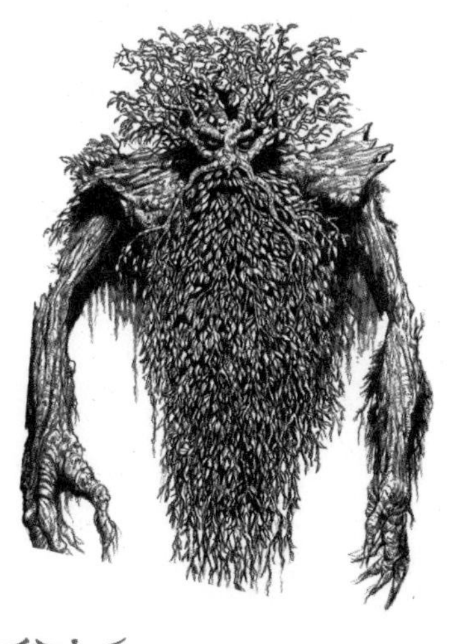

答案见 122 页

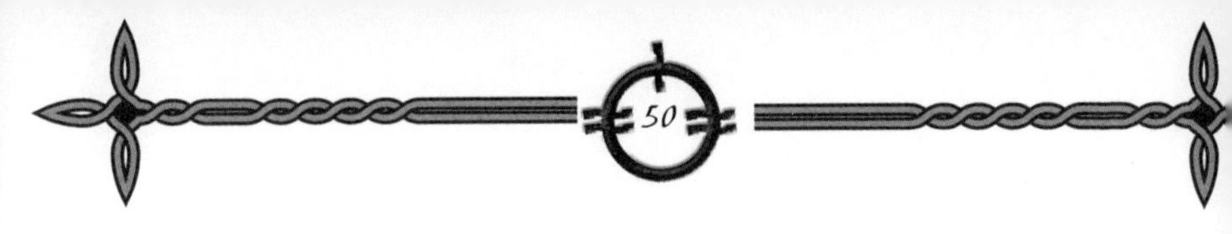

谋杀

霍比特人虽然坚韧不拔，但最终还是不得不向西迁移，逃离麻烦不断的安都因河谷。事件发生在西迁之前，巫王的走狗阿维尔·布鲁特袭击了一个生活在格拉顿平原上的霍比特家族，造成了不小的伤亡。

袭击发生后，霍比特人按照“霍比特方式”，对损失做出了详尽的统计，之后便传出了消息，指出在袭击中身亡的人包括：两位祖父母、四位父母、四个小孩、两位公婆、一位兄弟、两位姐妹、两个儿子、两个女儿、一个儿媳妇、三个孙子孙女。

没错，这实在是令人憎恶的行径，但根据统计出来的信息，至少有多少人成了谋杀的受害者呢？

答案见 122 页

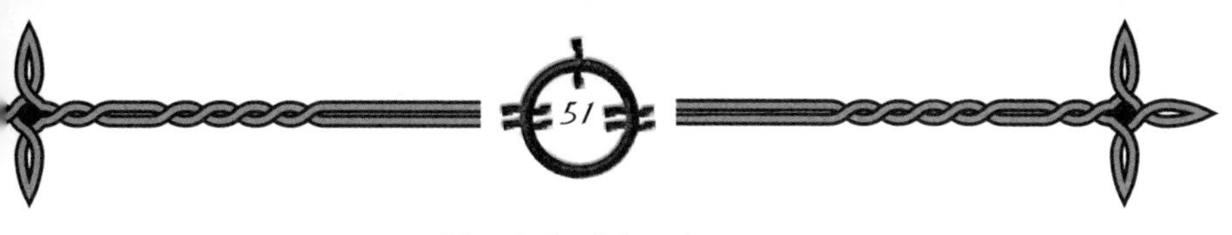

蝴蝶效应

摘自《雄鹿地大绿典》：

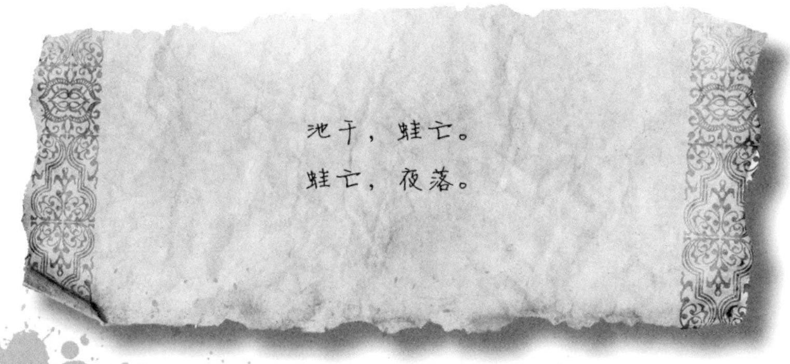

池干，蛙亡。

蛙亡，夜落。

那么我是什么呢？

答案见 123 页

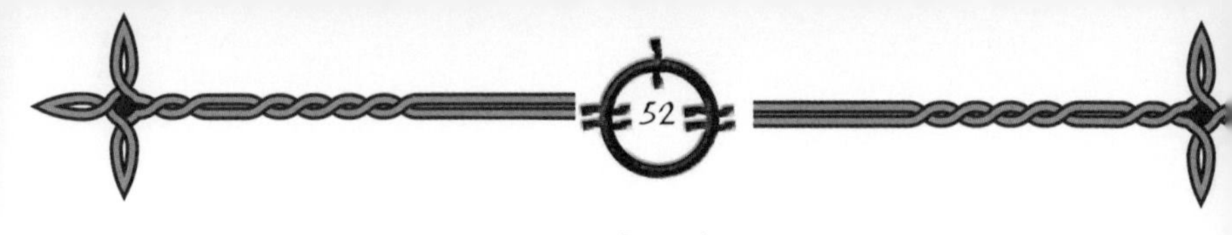

赌马

尤瑟德做了一个奇怪的梦，梦境十分真实，以至于他在醒来后，十分肯定地认为，在当天下午进行的赛马中，有四位骑手中的一位必定获胜。根据梦境的指示，他分别在四位选手身上下了不同的赌注，赔率分别为4–1、5–1、6–1和7–1。虽然下注后，即便获得了优胜也无法取回赌本，但尤瑟德在如此下注以后，肯定还是能在赚回赌本的前提下，赚得101个先令。

那么尤瑟德到底是如何下注的呢？

答案见123页

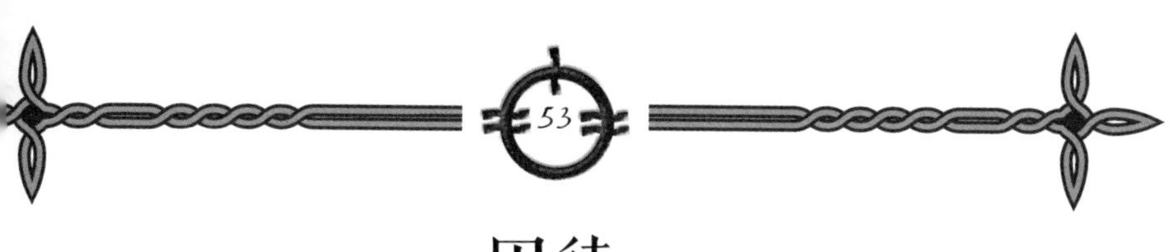

囚徒

摘自《雄鹿地大绿典》：

我们虽是囚犯，却能四处旅行，
不仅如此，我们还拥有利器；
虽然我们只会步行，
但即便是神驹也不能将我们甩到身后。

我们是什么呢？

答案见 123 页

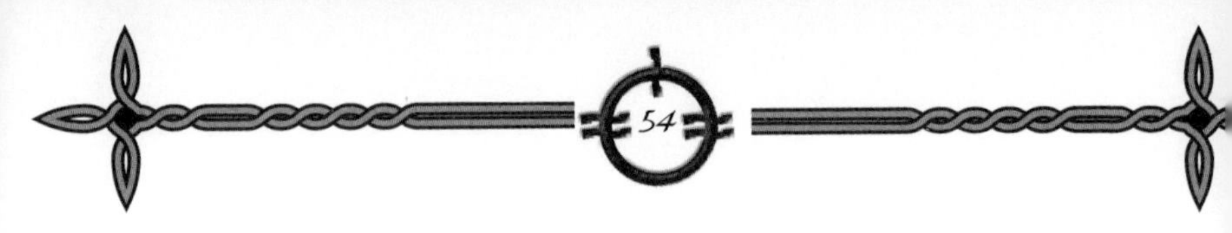

色斯文 二

刻有矮人符文的石板通常都含有很多无用的信息，目的是为了增加解读的难度。所以，在正式开始解读符文的内容前，就必须剔除石板上多余的符文。剔除的规则为，保证每行、每列中，所有的符文都只出现一次。此外，除了多余的符文必须被删除掉，还有两条额外的规则，其一为，无论是在水平方向，还是在垂直方向，删除的符文都不能处在相邻的位置；其二为，在水平或垂直两个方向中的至少一个上，剩余的符文必须与其他符文相互连接，使石板上的符文能够形成一个整体。

你能去除右边石板上的无用信息吗？

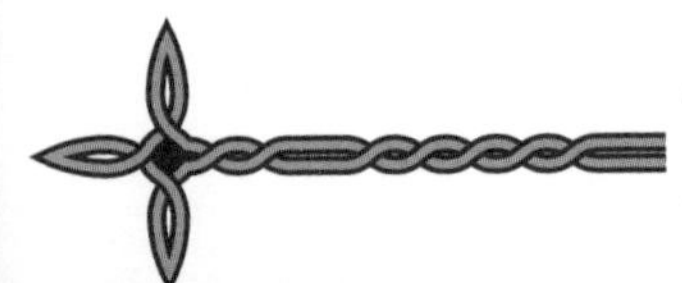

答案见 124 页

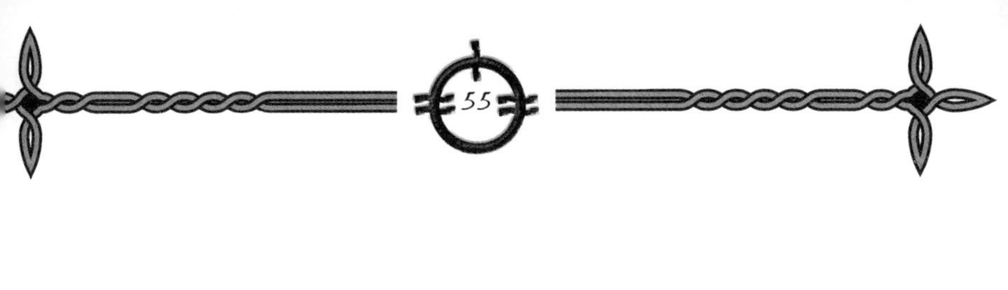

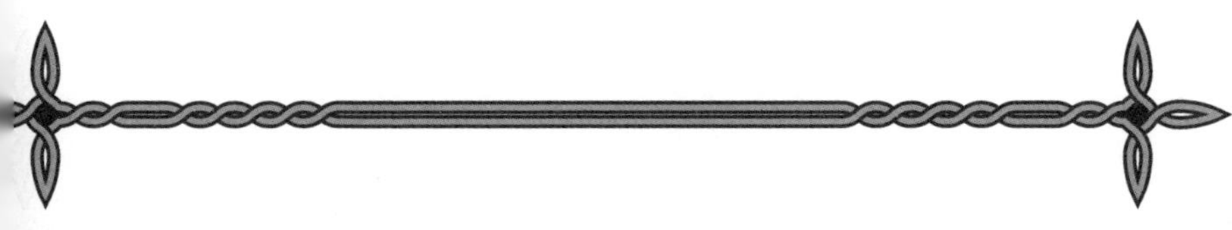

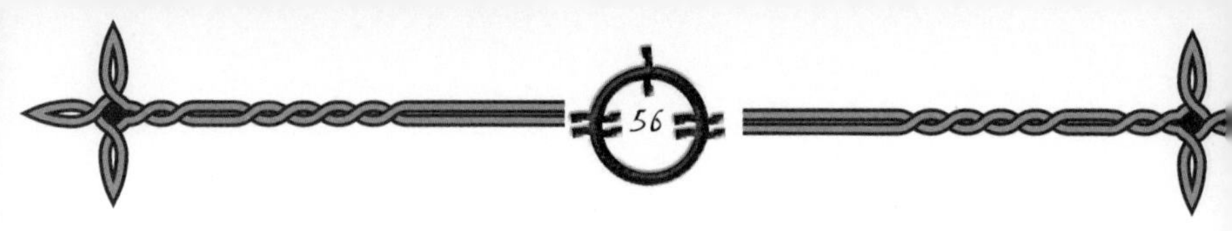

跑路高手

摘自《雄鹿地大绿典》：

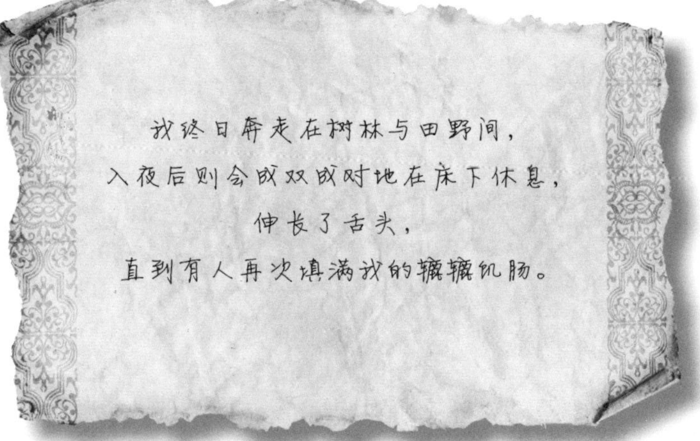

我到底是什么呢？

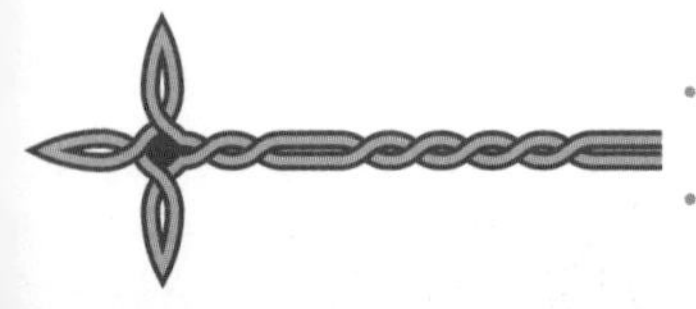

答案见 125 页

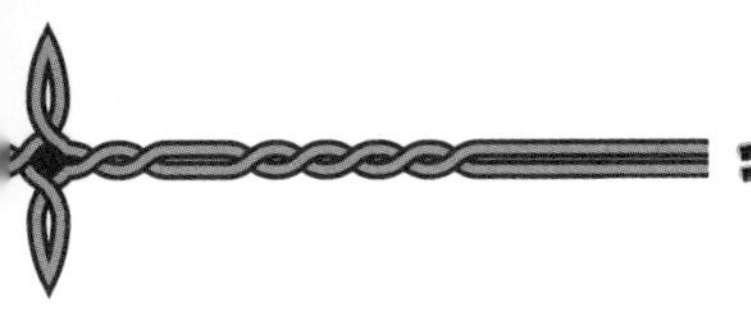

哥拜兹

“该死的博尔多格，”哥拜兹嘟囔道，“等到我年龄是他三分之一的时候！到不了那时，我就能率领自己的巡逻队了，看我不扒了他的那身臭皮！就算是要把他开膛破肚，我也要剥了他！我今年22岁，他也就比我大了58岁。哼，他屁都不是。去死吧！”

“臭小子，嘟囔什么呢？”博尔多格看起来有些生气了。

“没什么！”哥拜兹一脸愠色地答道。

那么哥拜兹还要等多久呢?

答案见 125 页

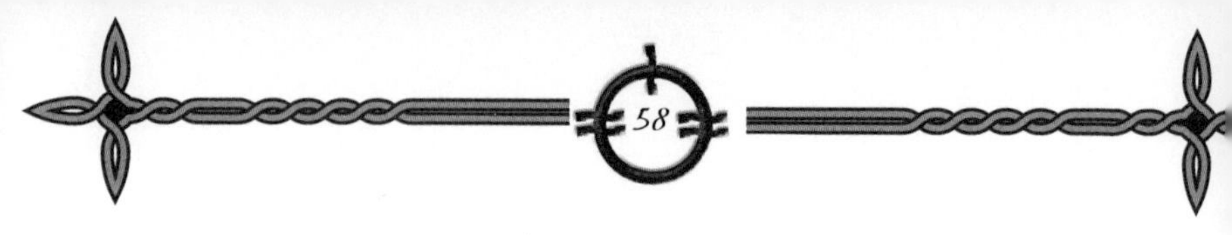

努曼诺尔

在贪赃枉法的阿尔法拉斯篡夺了努曼诺尔的王位后，许多心地善良之人都受到了令人难以想象的迫害。有四个囚犯，他们都是精灵之友，被链子一个接一个地铐在了一起，正在去往地下深牢的途中，看起来像极了一条短短的蛇。

因迪尔扎虽然没有和贝撒加被铐在一起，却与尼姆鲁兹相邻。贝撒加没有和艾巴塔铐在一起，那么是谁与贝撒加被铐在一起了呢？

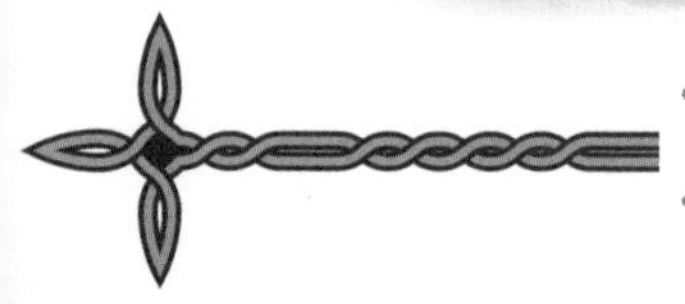

答案见 125 页

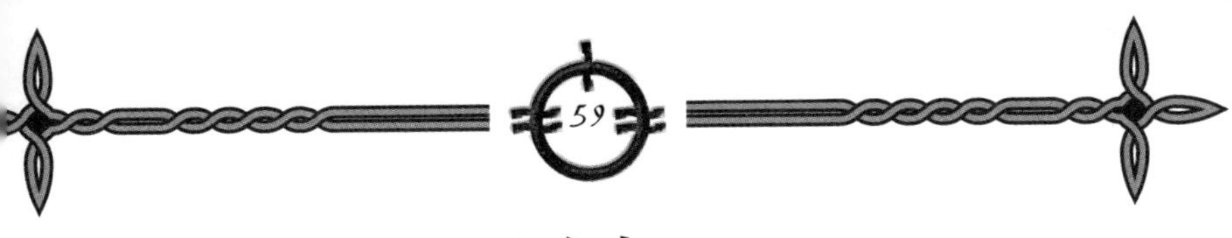

财富

某人生性慷慨大方，在获得命运之神的眷顾之后，便决定要帮助自己身边遇到困难的人。他每周都会准备一批一磅一袋的小麦，将其分给前来寻求帮助的穷人。某周，他计算了一下前来领小麦的人数，发现如果少来五个人，那么每个人分得的小麦就会多出两袋；而如果多来四个人，每个人分得的小麦就会少一袋。

那么他每周都会给出多少袋小麦呢?

答案见 126 页

盲人指路

摘自《雄鹿地大绿典》：

“这里、这里，还有这里。”他说道。
虽然他没有眼睛，却从来都没有犯过错误。

那么他是谁呢？

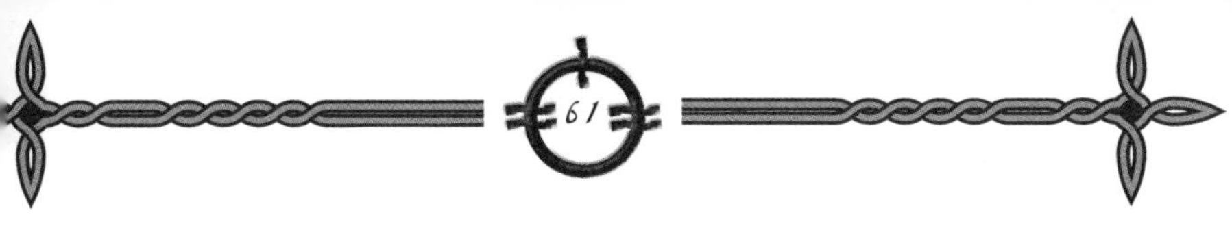

夏尔逸闻

在蛙村外有一座年代久远的坟墓，墓碑上镌刻的文字指出，墓中有两位祖母和她们的两个孙女；有两位丈夫和他们各自的妻子；有两位父亲和他们的两个女儿；有两位母亲和她们的两个儿子；有两位少女和她们各自的母亲；有两个妹妹和她们的两个兄长。尽管看起来坟墓是这么多人的长眠之地，但其实墓碑上只有六个人的名字。那么这到底是怎么回事呢？

答案见 126 页

夺路而逃

有三个好朋友正被敌人追赶，但三人只有一匹马。这匹马除了骑手，还能驮一个人逃跑，速度为8里格每小时。三人中除了骑手，剩下的两人一人没有受伤，每小时能够行走2里格，另一人却挂了彩，每小时只能走1里格。三人要完成40里格的路程才能逃离险境，而且决定要同时脱险。

他们最快要多久才能到达目的地?

答案见127页

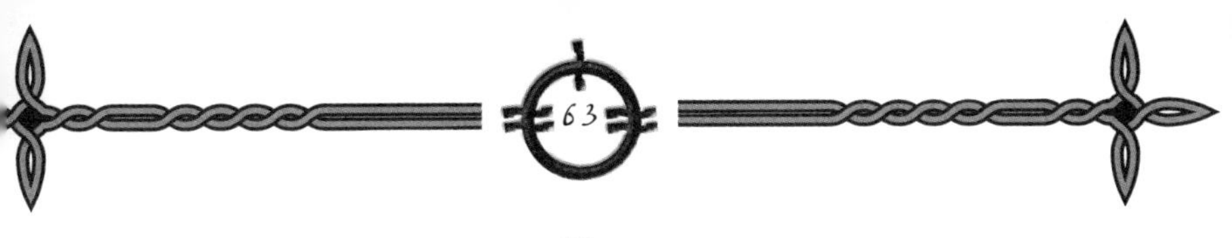

井

摘自《雄鹿地大绿典》：

我是一口井口布满了凿子的深井，

发出的声音亦实亦虚。

那么我是什么呢？

答案见127页

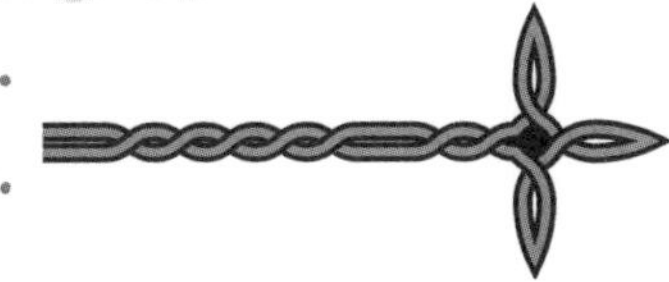

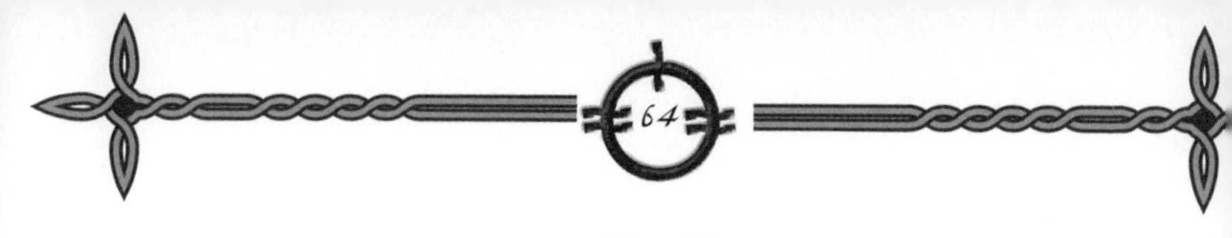

兽群

在横穿戈尔格洛斯平原的旅途中，弗罗多和山姆遇到了许多奇异且令人胆战心惊的事物。一天早上，二人远远地看到一只兽人赶着一群丑恶的野兽匆匆经过，就像赶牛一样。兽群中的一些野兽两脚着地，好似巨鸟一般；另一些野兽则四脚奔跑，长相异常狰狞。弗罗多数出兽群共有36个脑袋，而山姆则数出了100只脚，此外还确信有两只巨鸟不知为何，长出了四只脚，而不是只有两只。

那么兽群中有多少只巨鸟？又有多少只野兽呢？

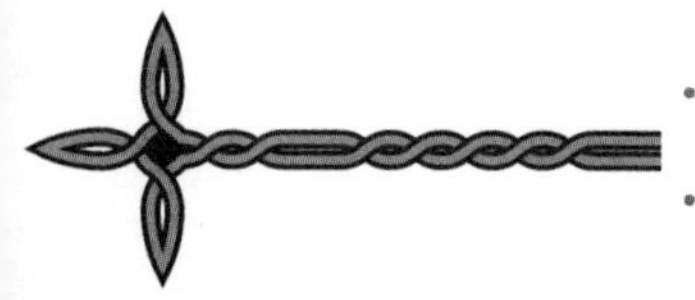

答案见 128 页

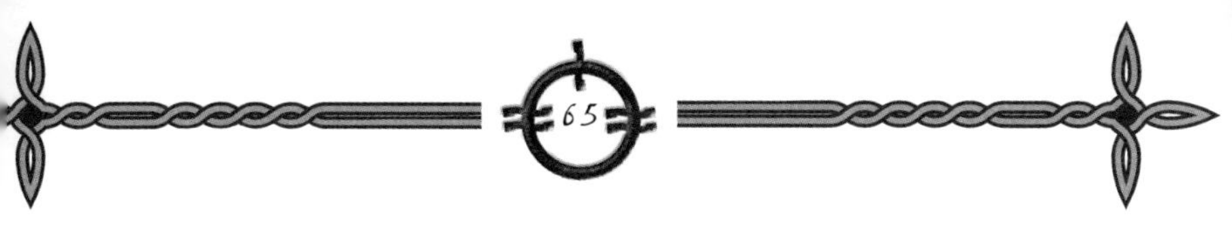

静动如一

摘自《雄鹿地大绿典》：

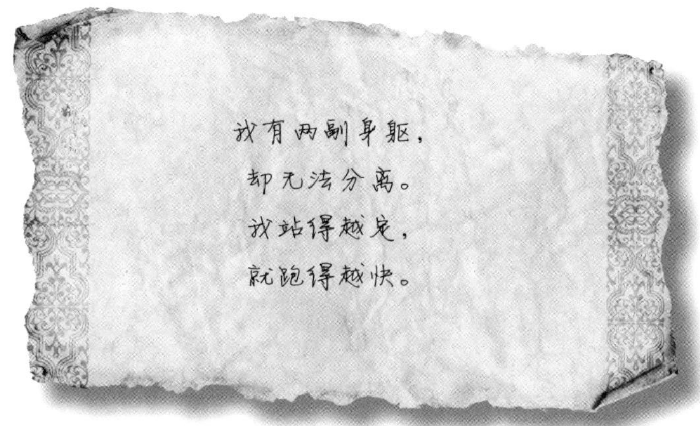

那么我是什么呢？

答案见 128 页

精灵宝石

伊力萨·泰尔康泰，即世人所说的阿拉贡，阿拉松之子，是刚铎和亚尔诺的国王，不仅骁勇善战，而且足智多谋。在阿拉贡继承王位的头几年，米那斯提力斯城中发生过一起酒后斗殴事件，导致一名木匠身亡。事件发生后，参与斗殴的人被抓了起来，在醒酒之后，被押到了国王面前，接受问讯，以便找出真相。

“非尔莱贡，就是你杀死了那个倒霉蛋。”西力斯尔道。

“也许就是他干的，但是我可以肯定，杀人的肯定不是我。”阿诺米尔道。

特刚迪尔摇了摇头：“嗯，我可以肯定的是，绝对不是哈拉斯下的杀手。”

非尔莱贡阴沉沉地瞪了西力斯尔一眼，道：“西力斯尔谎话连篇，原因很简单，他和我结下了梁子，就是忍不住要诬陷我。”

“不管到底是怎么回事，阿诺米尔说的都是实话。”哈拉斯道。

伊力萨国王很快就发现，只有两个人敢在自己面前撒谎。那么到底是谁下的杀手呢？

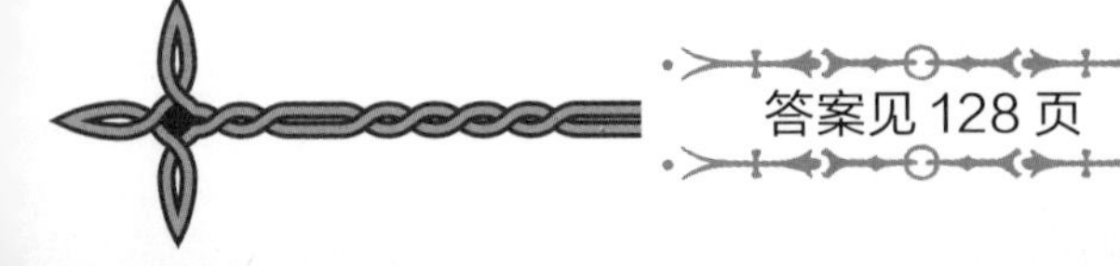
答案见 128 页

物件

摘自《雄鹿地大绿典》：

有两件长满毛的东西，

只要合在一起，就会令人感到舒服惬意。

它们是什么呢？

答案见 129 页

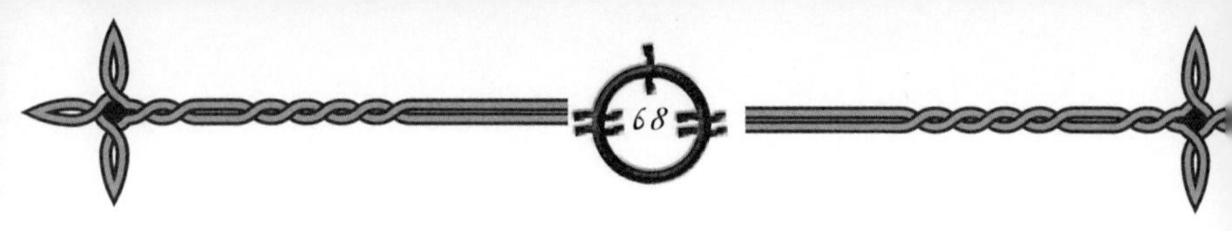

刺探敌情

四个侦查小队接到了任务，要潜入幽暗密林侦察敌情。每个小队的成员都领到了彩色的腕带，可以系在前臂上，用来在森林阴暗的环境中分辨敌我。进入森林的四个小队分别是追踪者小队、攀爬者小队、潜行者小队、观察者小队。

追踪者小队腕带的颜色既不是红色，也不是黄色。

攀爬者小队腕带的颜色既不是黄色，也不是白色。

潜行者小队腕带的颜色既不是白色，也不是红色。

观察者小队腕带的颜色既不是黄色，也不是红色。

此外，有一个小队腕带的颜色是蓝色，而如果追踪者小队的颜色不是白色，那么攀爬者小队的颜色就一定不是红色。

那么每个小队各自分配到了什么样颜色的腕带呢?

答案见 129 页

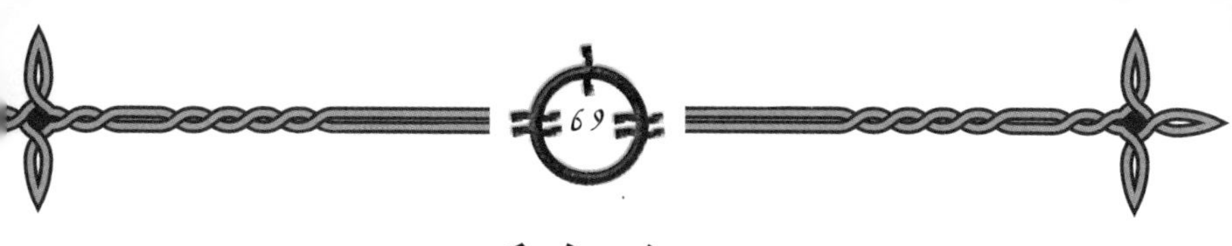

受气包

摘自《雄鹿地大绿典》:

啪!啪!啪!虽然我并没有招惹你,
你却要不停地鞭打我,
就算是被鞭打,我也不知该如何改进。
所以我只能又蹦又跳,让你变得兴高采烈,
但只要我想要停下来休息一会儿,
你就又会举鞭相向。

那么我是什么呢?

答案见 129 页

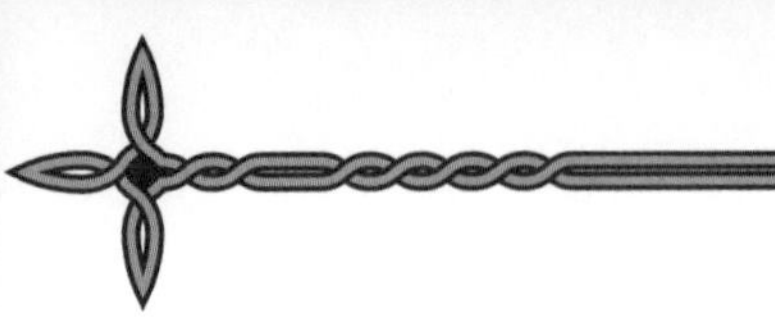

天真无邪

摘自《雄鹿地大绿典》：

我的闺房是守护我青春和无邪的城堡，走出城堡后，我就会肆无忌惮地展示自己的魅力，直到有行为粗鲁的求爱之人强行扭转我的身躯，将我抱在怀中，但此时我就会迅速凋萎，在失去光鲜的外表后，被弃于路旁。

那么我是谁呢？

答案见 130 页

勇往直前

“就这样，我被困在了东谷境内的一道小山谷中，身后是高山，而面前则有40只兽人。这些胆小鬼没有一拥而上，来与我真刀真枪地较量一场，而是赞同一只尤其邪恶的兽人的主意，想要用烤艾利刚人做晚餐。当时的风向正好方便这些渣滓防火，所以在点燃山谷出口处的所有长草之后，便等着我被活活烧死。

“得了吧，伊欧墨，现在你还站在这里大吹大擂，就足以证明你不过是在扯谎罢了。”

“别冒傻气了，哈马！当时情况虽然危急，但还不至于让我束手待毙。虽然既不能爬山逃生，又不能找到能够躲避火焰的藏身之处，但我也绝对不是待宰的羔羊。”

“你是怎么逃离火场的？”

各位读者觉得伊欧墨是怎么做到的呢？

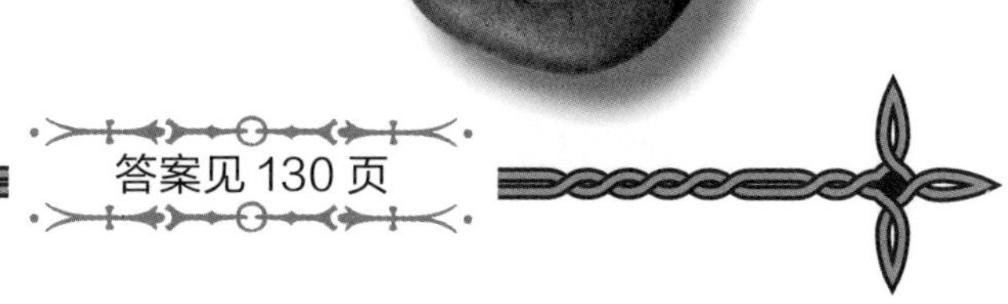

答案见 130 页

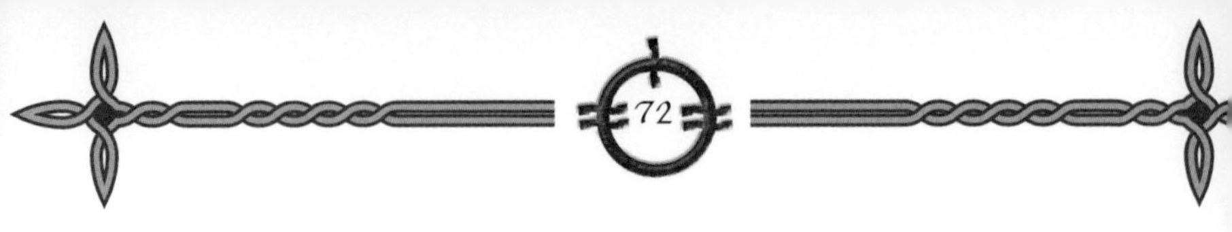

尖鼻子

非吉是耐夫吉尔的祖父，两人都是长湖镇的居民，虽然在镇民们看来，一人年事已高，另一人尚是乳臭未干的少年，都很难在战斗中得以幸存，但他们在五军之战中表现英勇，在战场上奋勇血战，赢得了赫赫战功，最终凯旋。祖父和孙子的年龄差了44岁，而两个人年龄的乘积则是1280。

那么二人的年龄分别是多少？

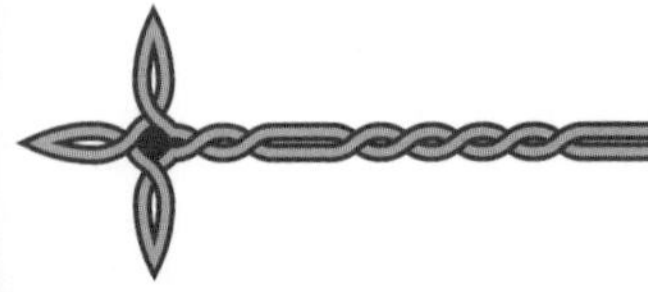

答案见 131 页

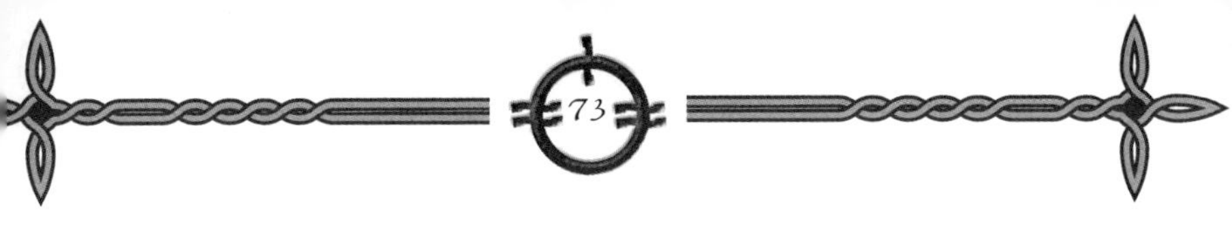

羊毛

一位刚铎商人从事从洛汉进口羊毛的生意。商人赚钱的方法为，从供货商处购买两种品级的羊毛，一种为优质羊毛，每袋进价为40枚撒尼银币，另一种品质较差，进价为32枚撒尼银币。之后，商人就会将两种羊毛混合起来，当作极品羊毛出售，价格为43枚撒尼银币一袋，从中赚取相当于进价25％的利润。

那么在商人的“极品”羊毛中，优质羊毛和劣质羊毛的比例是多少？

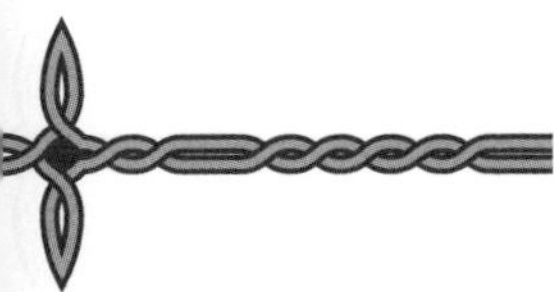

答案见 131 页

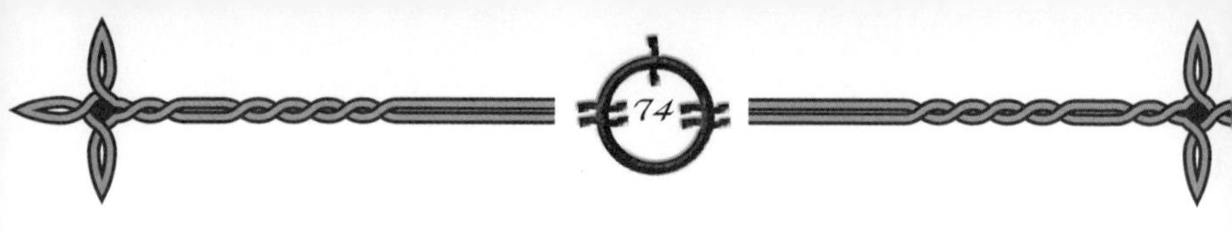

野人

在为洛汉军队领路，穿越德鲁丹森林的路上，一位德鲁丹族长自吹自擂了起来，声称自己是所有德鲁丹人中子孙最多的。根据这位族长的话，他现在年龄在50—80岁间，自己的每个儿子的儿子的数量都与兄弟的数量相等，此外老族长的年龄等于他所有儿子和孙子人数的总和。

那么这位族长今年多大了？

答案见131页

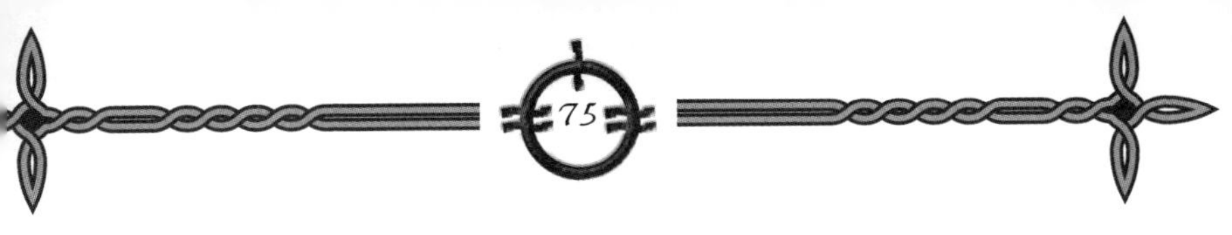

安眠

摘自《雄鹿地大绿典》：

什么东西睡觉的时候
脑袋是冲下的？

答案见 132 页

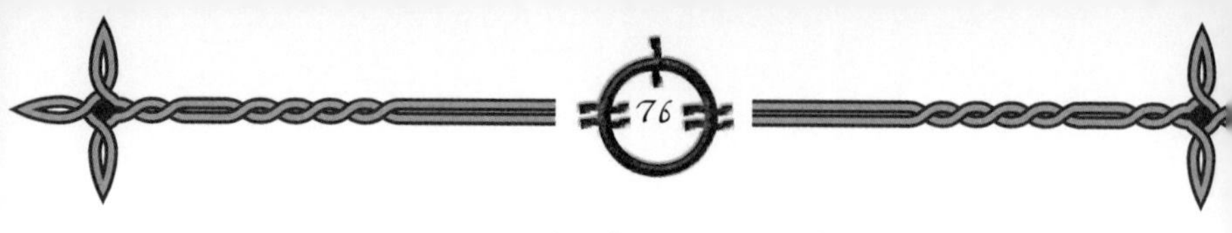

致命游戏

“来，咱们玩个游戏吧，”巨龙道，“如果你表现好，说不定我会考虑过两天再拿你打牙祭。”

矮人瑟瑟发抖，但仍然神色坚定地回答：“好，如你所愿。”

“好极了！现在假设你有两个桶，其中一个的大小是另一个的一半。之后，向小桶中倒半桶油，向大桶中倒三分之一桶油。之后，分别向两个桶中加水，直到加满，然后再将桶中所有的液体都倒入一个空的大木桶中。那么大木桶中水和油的比例是多少呢？”

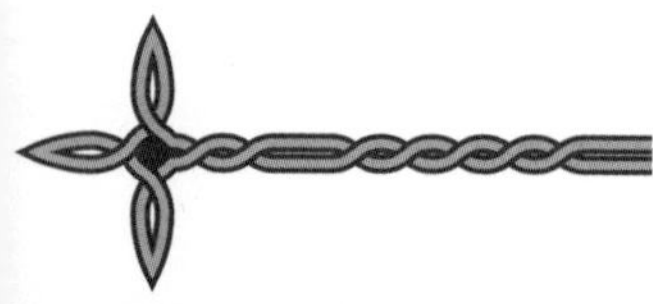

答案见 132 页

公主

摘自《雄鹿地大绿典》：

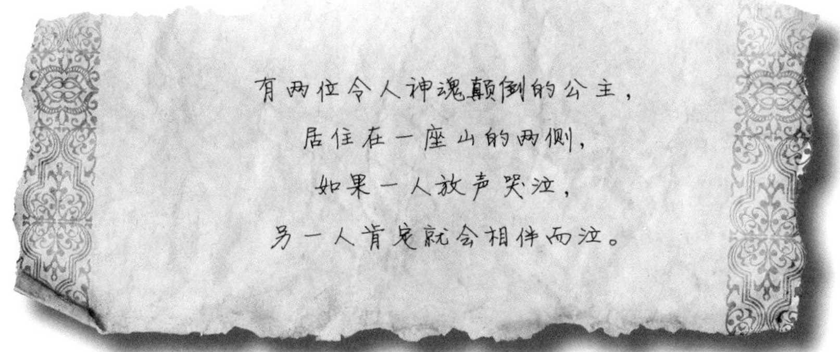

有两位令人神魂颠倒的公主，
居住在一座山的两侧，
如果一人放声哭泣，
另一人肯定就会相伴而泣。

那么她们是谁？

答案见 133 页

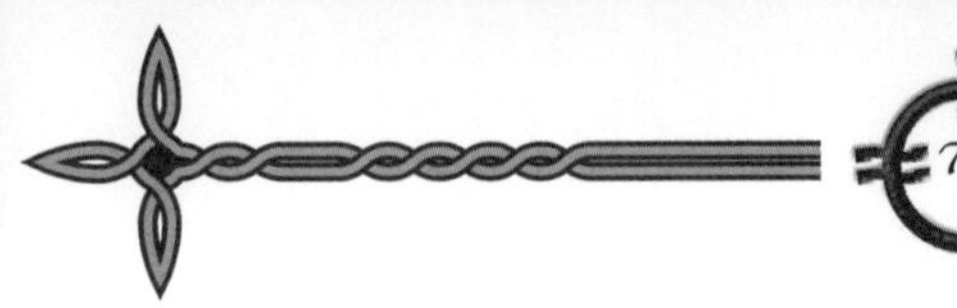

行军

一列弓箭手正行军经过一道山谷。一位信使从队尾出发，前往队首传达信息，共走了140步，每步的步幅是一码，之后回到队尾却只走了20步。那么弓箭手的队列有多长呢？

答案见 133 页

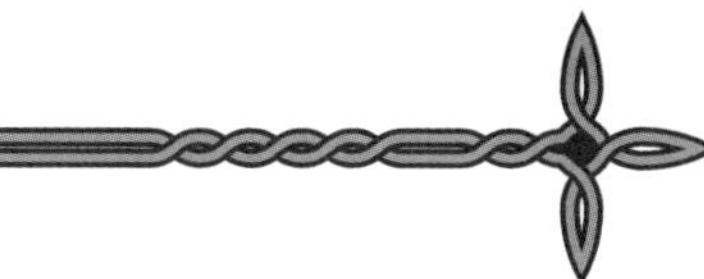

数绵羊

四位来自河谷镇的牧羊人聚集到草场交界的地方吃午饭，不一会儿就开始讨论各自的羊群了。在经过一番争论以后，四人达成了一致：既然考尔德的羊群比达的多出10只，那么如果考尔德将自己羊群四分之一的羊分给包尔德，那么他与艾于敦两个人羊群中羊的数量就与包尔德和达的数量相等；不仅如此，在完成上述分配后，如果艾于敦将自己三分之一的羊分给包尔德，包尔德之后再将四分之一的羊分给考尔德，考尔德之后再将五分之一的羊分给达，最后包尔德再将自己手中的羊拿出四分之一，将它们平均地分给其他三人，那么此时四个人羊群的规模就会完全相等。

他们每个人一开始的时候羊群中分别有几只羊呢？

答案见 133 页

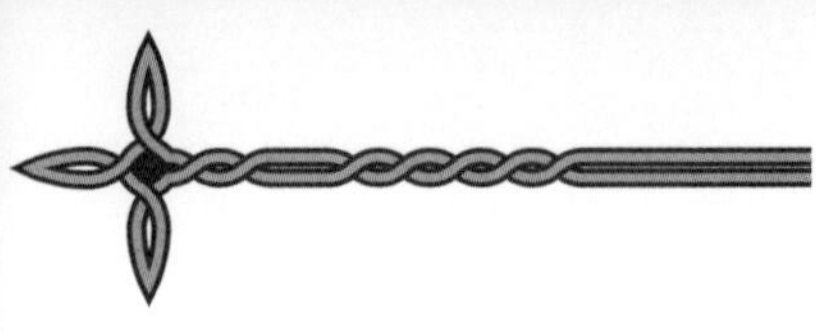

骑桌难下

“蠢货！我现在就能把你传送到一张桌子上，这张桌子不仅十分大，还光滑到一点摩擦力都没有，你在上面想挪下位置连门儿都没有。你在桌子上借不到一点力，不管如何挣扎，都只会是在原地打滑。你这辈子都甭想从桌子上下来了！”

“我也许不能用魔法呼风唤雨，但我绝对能逃离你这该死的桌子，哪怕我只穿着内衣，也会逃出来给你看！”

那么这是如何做到的呢？

答案见 134 页

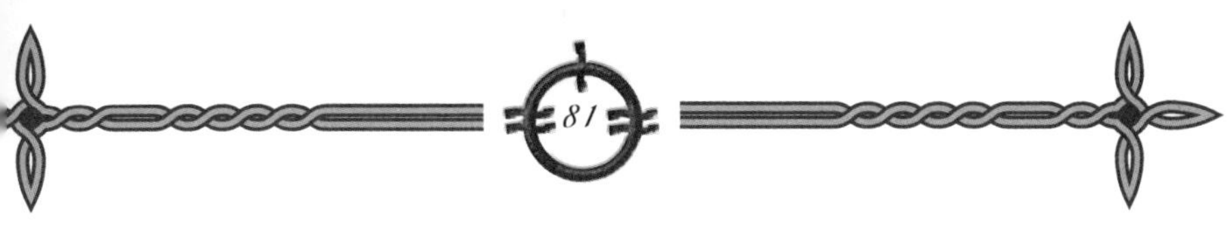

双胞胎

摘自《雄鹿地大绿典》：

我们是一对双胞胎，所以当你得知，
我们无论身材、形状、大小都一样时，
肯定不会觉得吃惊。
我们经常会派上大用场，
却经常为此吃苦头，
被链子拴住脖子，吊在半空中。

那么我们是什么呢？

答案见 134 页

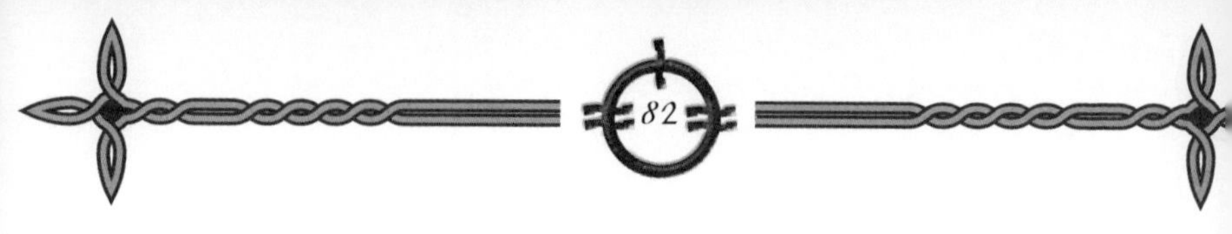

刚铎

在兰班宁平原的深处，离色尼河不远的地方，三个刚铎人利用夜色的掩护聚到了一起，目的就像周围的夜景一样，黑暗且不可告人。在分手前，三人制订了阴险的计划，之后便各自回到了阿那奇、林希尔和米纳斯布雷赛尔，重归看似平静的生活。

碰头的地方最为显眼的地标是一座远古时代的巨石碑，且距三人各自的城镇距离相等。如果我告诉你，阿那奇到米纳斯布雷赛尔的距离是30里格，米纳斯布雷赛尔到林希尔的距离是28里格，林希尔到阿那奇的距离是26里格，那么碰头的地点到城镇的距离有多远呢？

答案见 134 页

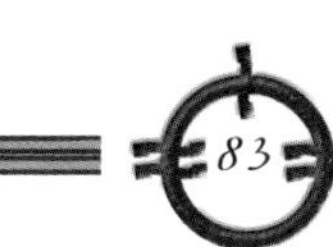

始祖

摘自《雄鹿地大绿典》：

在精灵出现前，我就已经诞生。我模仿所有生物的一举一动，长相还像极了人类。我步履轻盈，能够在细嫩的草尖上行走如飞，无论经过何处，都不会留下任何脚印。你也许能摸到我，却永远感觉不到我，更别提尝到我的味道、听到我的声音、闻到我的气味了。即便如此，我却与你形影不离，只会在夜间消失无踪，但此时你只要点一支蜡烛，就会马上发现我的踪迹。

那么我是什么呢？

答案见 135 页

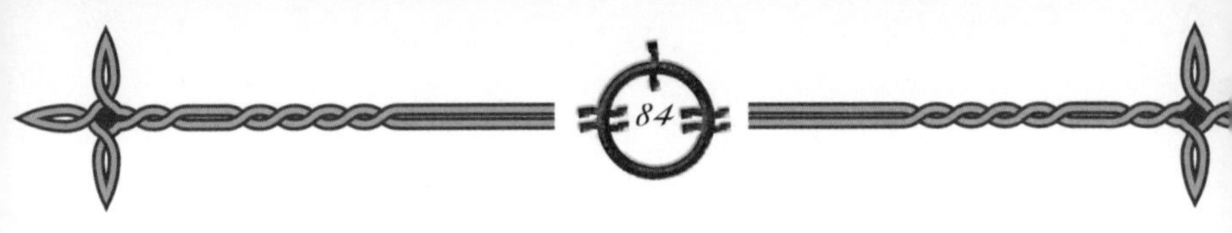

的确如此

摘自《雄鹿地大绿典》：

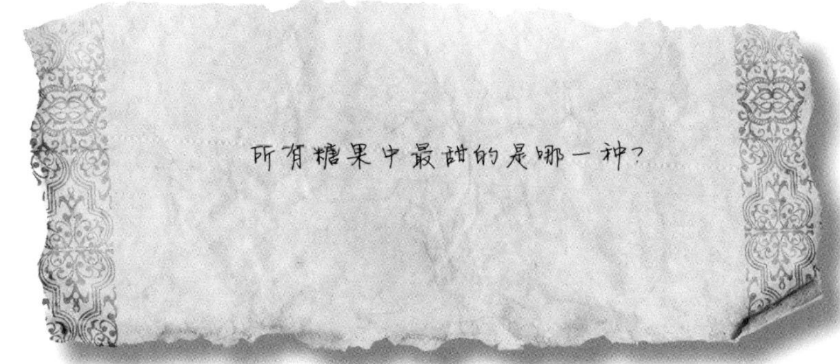

答案见 135 页

哈拉德人

一群哈拉德士兵围在一块破碎的石板旁边争吵不休，都不愿意成为严厉的军士长发泄怒火的对象，所以每个人说的三句话中，都有一句是谎言。

赫鲁莫道：“不是我干的。我从来都没打碎过任何东西。是麻穆阿罕打碎的。”

山加海彦多道：“我是无辜的。是富努尔干的。我和达拉米尔已经认识多年了。”

富努尔道：“不是我做的。也不是达拉米尔做的。山加海彦多恨我恨得入骨。”

达拉米尔道：“我是无辜的。我根本就不认识山加海彦多。是麻穆阿罕打碎的。”

麻穆阿罕道：“不是我打碎的。是山加海彦多干的。赫鲁莫关于我的话都是谎话。”

那么到底是谁打碎了石板呢？

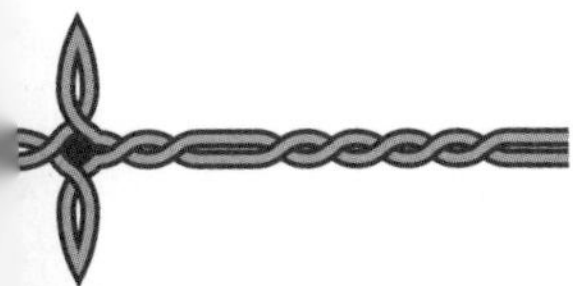

答案见 135 页

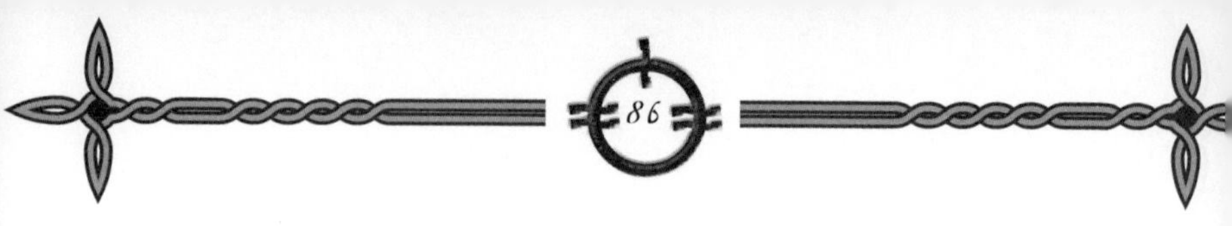

色斯文 三

刻有矮人符文的石板通常都含有很多无用的信息，目的是为了增加解读的难度。所以说，在正式开始解读符文的内容前，就必须剔除石板上多余的符文。剔除的规则为，保证每行、每列中，所有的符文都只出现一次。此外，除了多余的符文必须被删除掉，还有两条额外的规则，其一为，无论是在水平方向，还是在垂直方向，删除的符文都不能处在相邻的位置；其二为，在水平或垂直两个方向中的至少一个上，剩余的符文必须与其他符文相互连接，使石板上的符文能够形成一个整体。

你能去除右边石板上的无用信息吗？

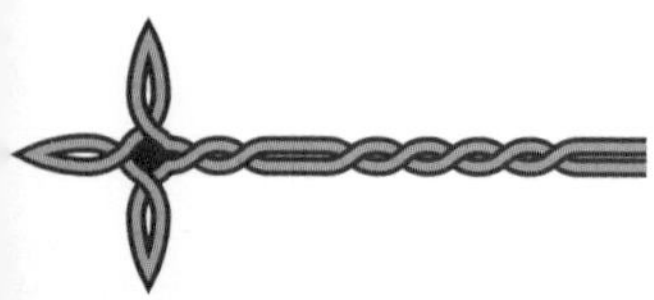

答案见 136 页

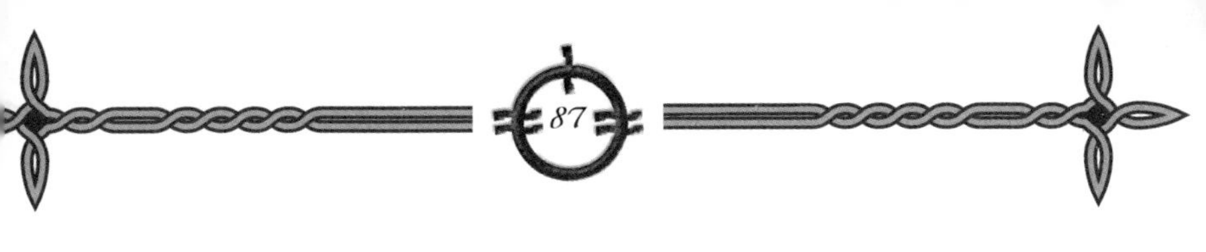

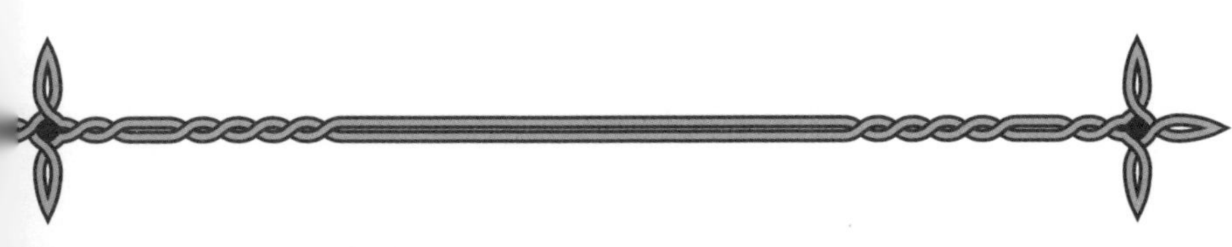

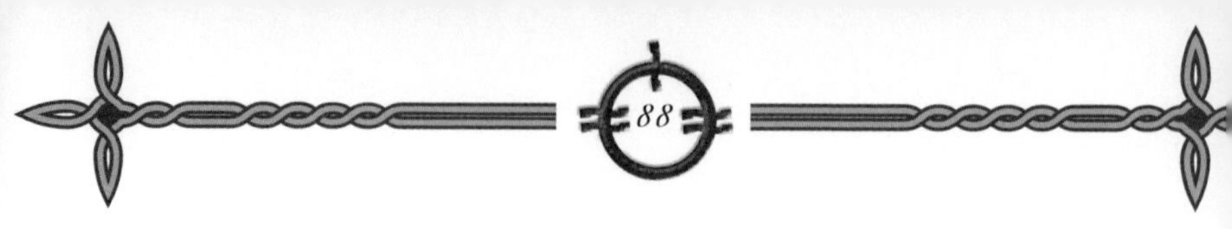

赛壬

摘自《雄鹿地大绿典》：

它虽然口吐白沫，却并不生气，
它虽可以飞翔，却并没有翅膀，
它能使人疼痛，却并没有锋刃，
它能放声高歌，却并没有喉舌，
即便如此，人们却对它趋之若鹜。

那么它是什么？

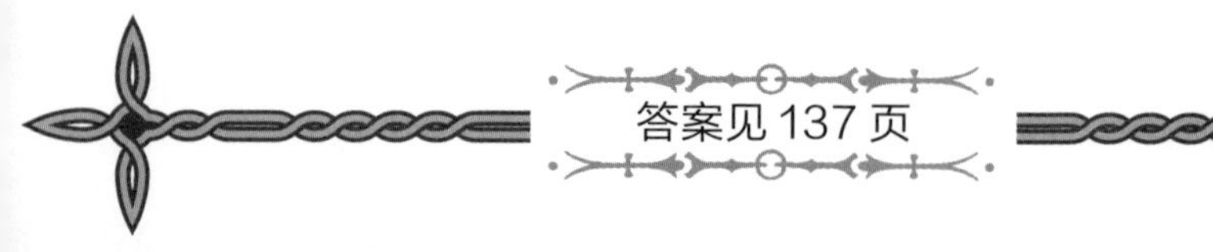
答案见 137 页

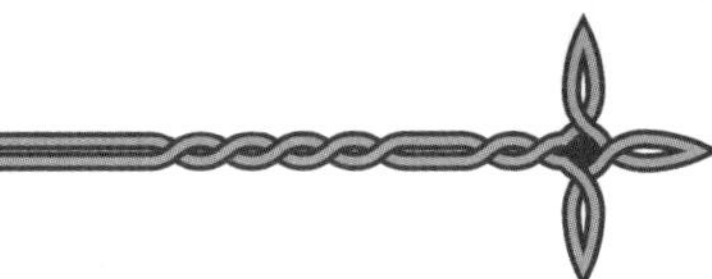

玩忽职守

作为在工作时打盹的处罚，一个倒霉的兽人被命令沿着一排柱子来回跑步。这排柱子共有7根，每两根间的距离均为2码，兽人得到的命令是，每走过一根柱子就要数一个数，经过第一根和最后一根时，都只能数一个数，而不是两个。直到它数到1000为止。如果结束时数到的柱子不是第1000根，那么它就要重新开始，一直数到第2000根为止。

那么这7根柱子中到底哪一根是第1000个呢？

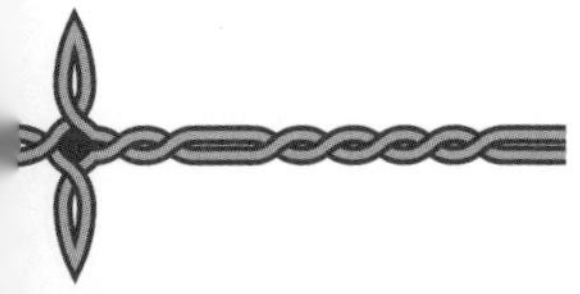

答案见 137 页

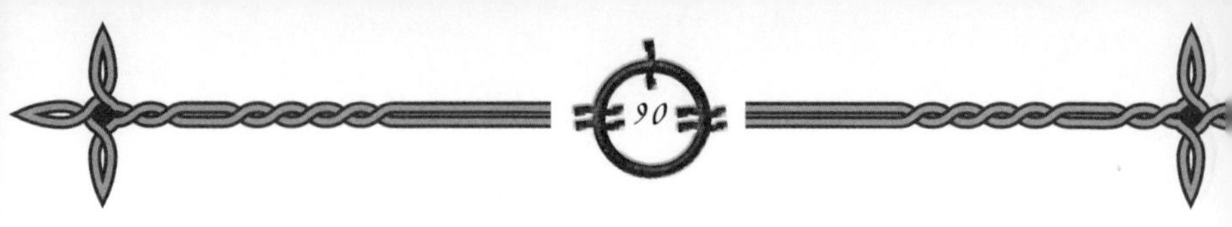

箍桶匠

在米那斯提力斯，匠人们都知道，奥罗德拉的几个儿子都是手艺精湛的箍桶匠，但在干活时却都相信慢工出细活。如果两个人一组，那么艾加摩斯和法伦箍25个木桶就需要8天的时间、法伦和帕拉米尔需要9天的时间，而艾加摩斯和帕拉米尔则需要10天的时间。毫无疑问，帕拉米尔并不会太受人待见，但如果他接到了一份大单，要在不借助两位兄长帮助的情况下箍50个桶，那么这将会需要多少天时间呢？

答案见138页

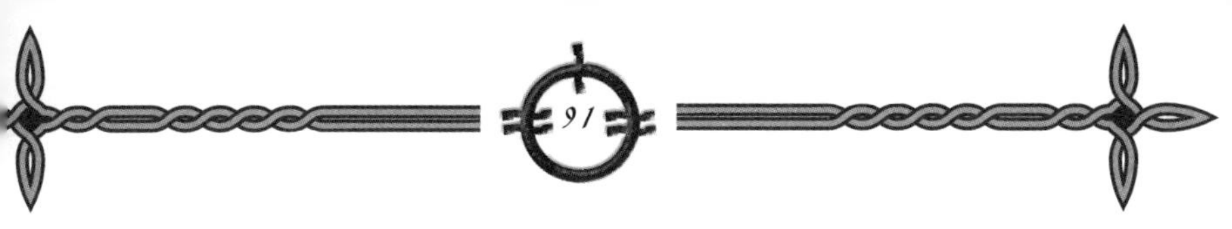

恶意满满

摘自《雄鹿地大绿典》：

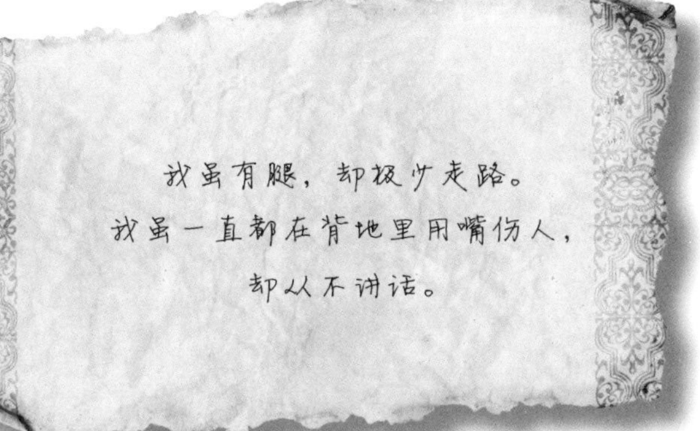
我虽有腿，却极少走路。
我虽一直都在背地里用嘴伤人，
却从不讲话。

我是什么呢？

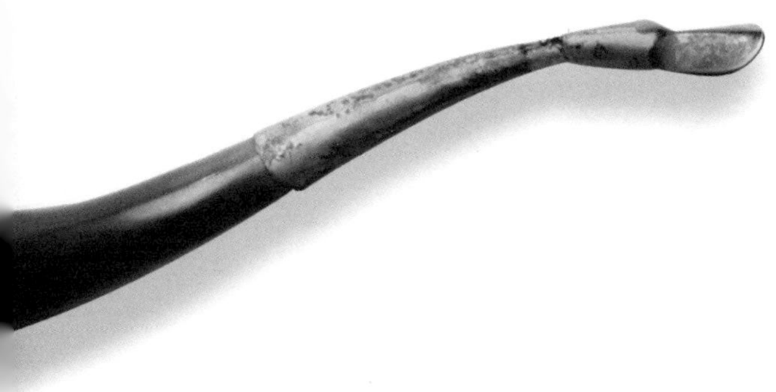

答案见 138 页

九人行

九位旅人风尘仆仆，想要尽快赶到目的地。下午的时间已经所剩无几，而九人距预定的休息地点仍有20英里的距离，幸运的是，他们遇到了一名车夫。车夫乐于帮忙，但马车一次只能搭载三位乘客。为了帮助旅人们快速抵达目的地，车夫提出将他们分成三人一组，让每组人搭一段路的顺风车，而其余的两组则继续行走，以保证让九人同时到达目的地。马车的速度是20英里每小时，而旅人们则能够保持4英里每小时的行走速度。

有了马车夫的帮助，旅人们达到目的地需要多久的时间呢？

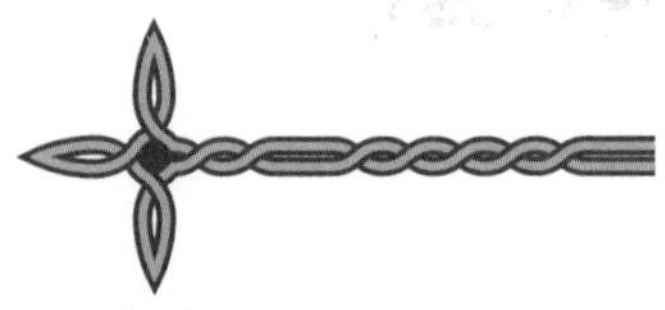

答案见 139 页

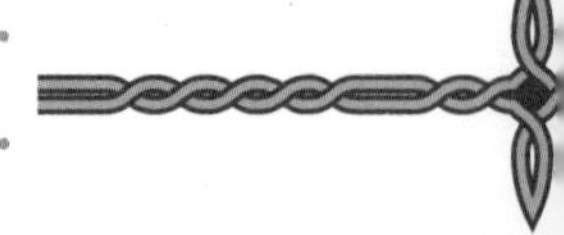

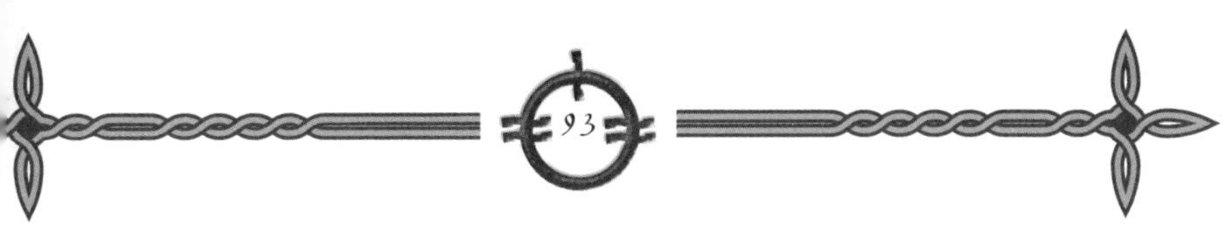

九只候鸟

摘自《雄鹿地大绿典》：

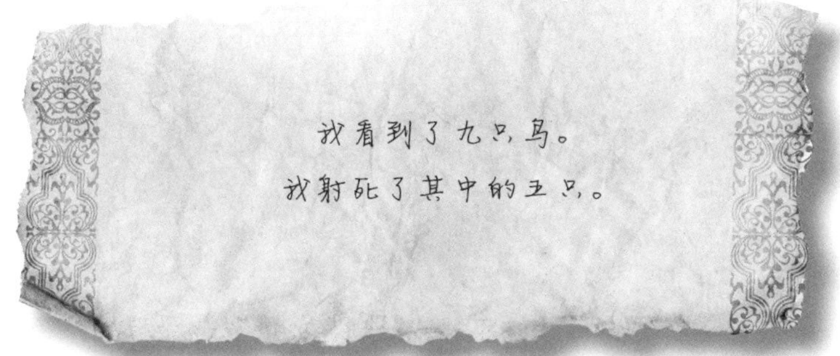

那么现在还剩下几只呢？

答案见 139 页

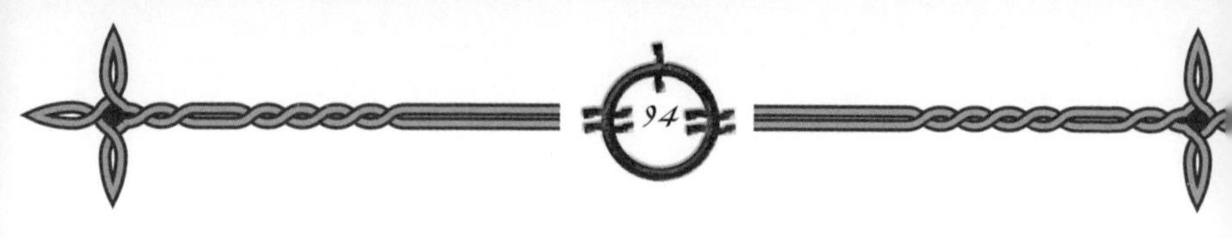

安格玛

第三纪元中期，安格玛巫王准备彻底征服佛诺斯特，在备战过程中，首都卡恩督姆汇聚了大量被征召的士兵和营地勤务人员，无论年龄和性别，巫王都来者不拒。在巫王开始大肆“招兵买马”前，卡恩督姆的地牢中关押了250个男女囚犯。一年后，地牢中的囚犯数量比之前多了7倍，而且女性囚犯数量增长的速度是男性的3倍。

那么在巫王开始征兵前，地牢中男性和女性囚犯的数量各是多少呢？

答案见140页

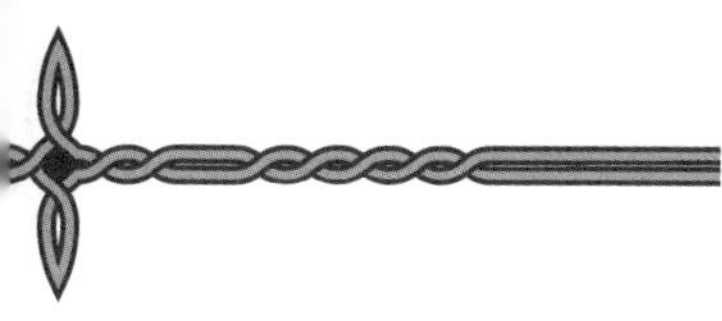

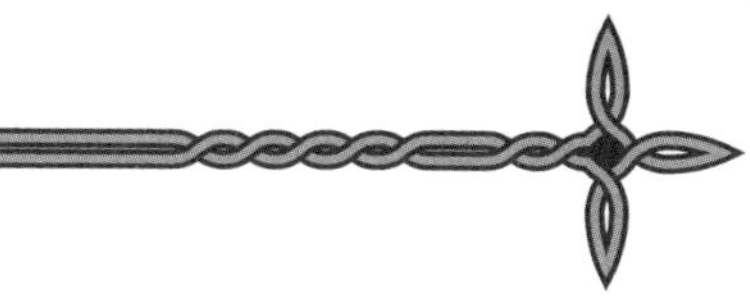

劈柴能手

“之前，我亲眼看到一个人将一大堆木柴分成了10份，每份不多不少，刚好20磅。为了称木柴，他先拿来了一台巨无霸一样的天平和两个大砝码，一个重50磅，另一个重90磅。我到现在都没想明白，这家伙哪来的这么大力气来搬砝码的，而更令人不可思议的是，他只称了9次，就称完了。

他是怎么做到的呢？

答案见 140 页
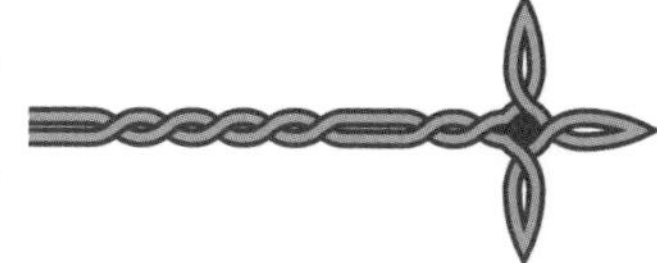

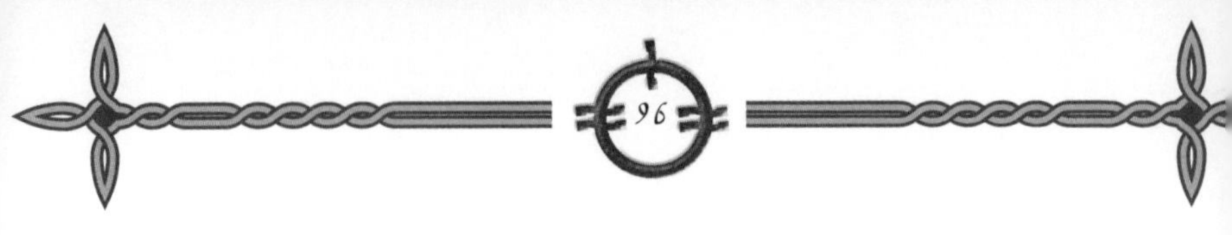

地牢

在宏伟的涌泉之塔要塞中，通往地牢的走廊配备了精巧的防范措施。走廊上总共设置了5道大门，每道门都有各自的开闭时间规律。第一道门每过1分钟45秒开一次，第二道门每过1分钟10秒开一次，第三道门每过2分钟55秒开一次，第四道门每过2分钟20秒开一次，第五道门每过35秒开一次。每道门的开门时间都是10秒。在每7个小时中，5道门全部打开的情况会发生12次，每次遇到这样的情况，狱卒都会加强戒备。即便全力冲刺，每两道门间的距离也要跑上20秒。此外，一旦有牢房的门被打开，而警卫室过了两分半的时间，还没有拉动操纵杆将门关上，监狱就会拉响警报，并同时关闭所有的大门。

犯人有机会穿过走廊逃走吗？如果答案是肯定的，他应当如何挑选打开牢门的时间？

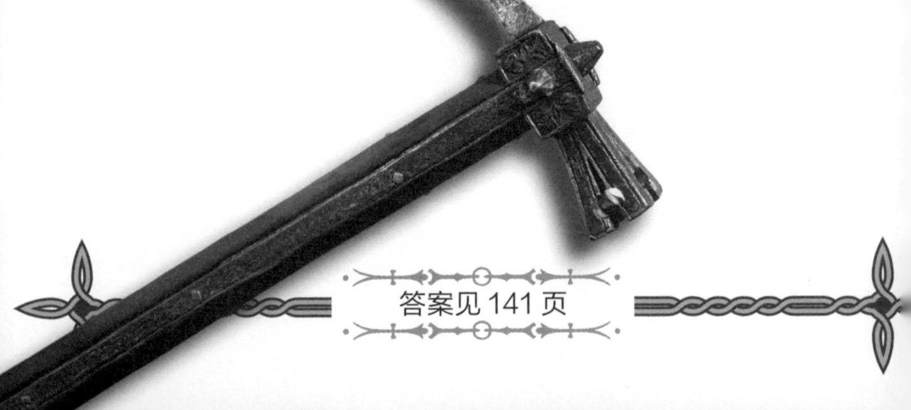

答案见 141 页

邦斯

莉莉·邦斯生性果决，年纪轻轻便生下了第一个小孩。莉莉的头三个小孩都是男孩，名字分别是安得威斯、尼克和拉格。在三人出生一段时间以后，母亲发现自己的年龄是三人年龄总和的两倍。在之后的五年中，莉莉又生下了一个女儿，起名为安洁莉卡，而第五年时四个小孩的年龄之和正好与母亲的年龄相等。

在之后的十年中，莉莉只生了一个女儿，起名为朵拉，而在第十年时，安得威斯和朵拉年龄加起来与拉格和安洁莉卡相等，而五人的年龄加起来则正好是母亲的两倍。其实，此时最大的两个孩子年龄加起来，正好与母亲的年龄相等。此外，这时候，安得威斯的年龄是两个妹妹年龄的和。

那么这一年邦斯一家人各自的年龄是多少呢？

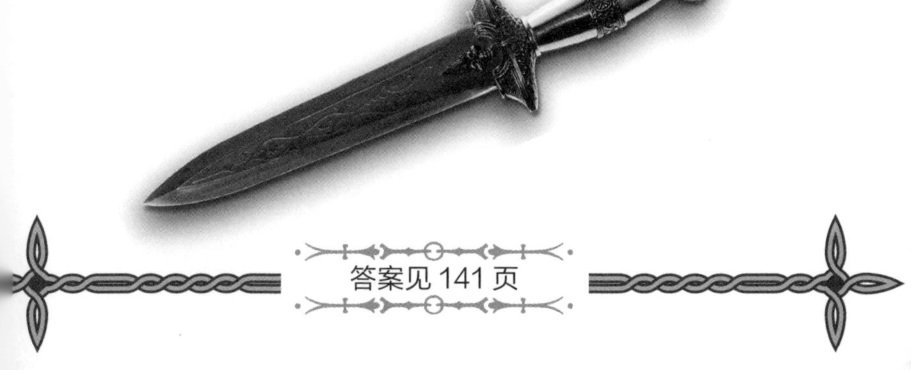

答案见 141 页

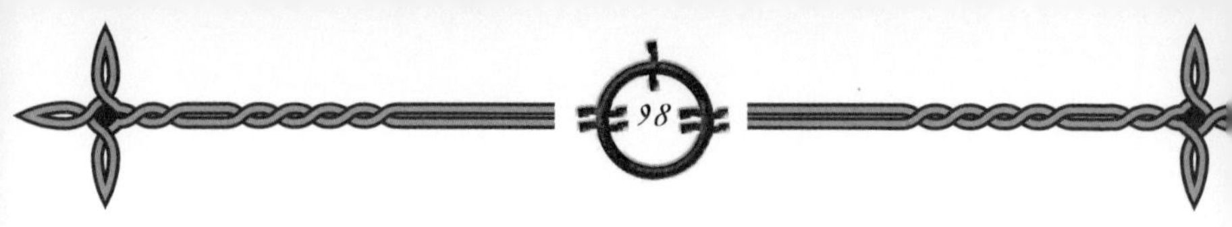

炎魔的诅咒

摘自《雄鹿地大绿典》：

在这十句话中，至少有一句是谎言。
在这十句话中，至少有两句是谎言。
在这十句话中，至少有三句是谎言。
在这十句话中，至少有四句是谎言。
在这十句话中，至少有五句是谎言。
在这十句话中，至少有六句是谎言。
在这十句话中，至少有七句是谎言。
在这十句话中，至少有八句是谎言。
在这十句话中，至少有九句是谎言。
在这十句话中，至少有十句是谎言。

这十句话中，到底有哪几句是谎言呢？

答案见 142 页

信心

摘自《雄鹿地大绿典》：

我从不属于过去，我只存在于未来，
过去从来就没有人遇到过我，
将来也不会有人见到我的真面目。
即便如此，
对所有生活在我们这颗转动之球之上的人来说，
我却都是信心的源泉。

那么我是谁呢？

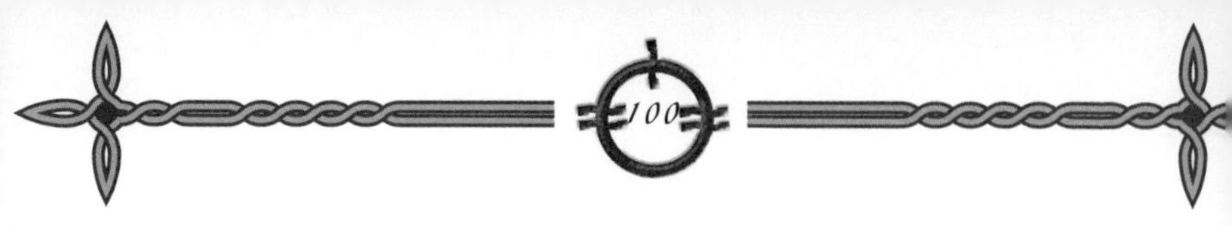

大敌当前

索伦派出了大军向帕兰诺平原进犯，一名洛汉的侦察兵设法打探到了其中一支兽人大军的情况。大军中兽人的数量稍多于2.1万只，共分为五个军团，每个军团都由一个兽人头领带领。

根据侦察兵的估测，第一个军团三分之一的兵力与第二个军团七分之二的兵力相等，与第三个军团十二分之七的兵力相等，与第四个军团十三分之九的兵力相等，与第五个军团二十二分之十五的兵力相等。

每个军团中分别有多少只兽人呢？

答案见 143 页

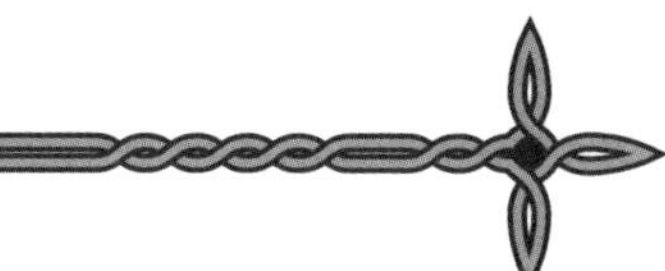

异兽

摘自《雄鹿地大绿典》：

我有一只异兽，它古怪得不得了。
它身体坚硬、牙齿锋利。
它不吃不喝，除非我猛击它的脑袋。
但如果我真的砸了它的脑袋，
那么就连石头都会变成它的盘中餐。

那么它是什么呢?

答案见 143 页

同甘共苦

摘自《雄鹿地大绿典》：

我看到两艘船在身旁经过，
但船上只有一个人。
待客人下船后，两只船道：
“带上我们，你的旅途会更为顺畅。
让我们同甘共苦。”

那么它们是什么呢？

答案见144页

货运问题

洛汉国的国民在准备向圣盔谷撤退时，决定每一种牲口都应当专门运输一种液体货物。但是具体哪一种牲口应当运输哪一种货物，就有点让人摸不着头脑了。如果驴子是驮葡萄酒的，那么马就是驮油的；如果驴子是驮油的，那么骡子就是驮葡萄酒的；如果马是驮葡萄酒的，那么骡子就是驮油的。

有没有哪种牲口驮的货物是可以确定的呢？

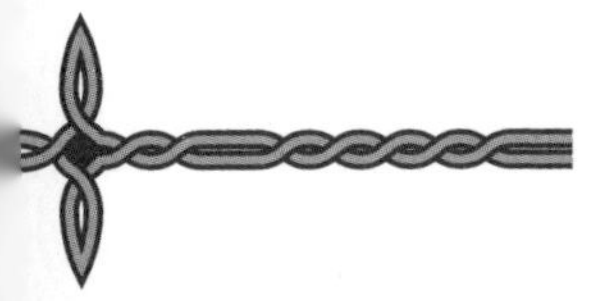

答案见 144 页

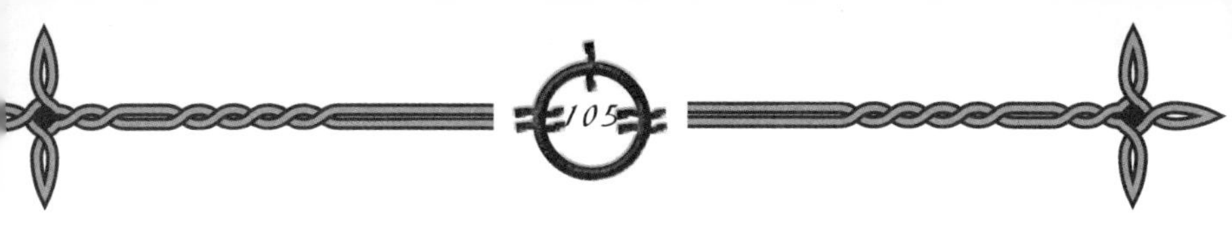

答案

金子不一定闪光，

游荡不一定迷茫；

老当益壮难衰亡，

树大根深耐风霜。

《雄鹿地大绿典》

我是一支蜡烛。在这里我要给大家一个忠告：想要参透《雄鹿地大绿典》中的谜题，那么最最重要的就是，不要认为谜题与标题间存在什么联系。

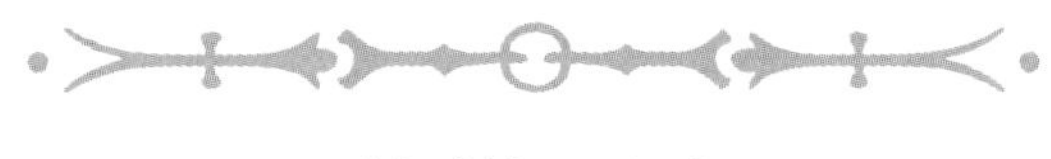

举棋不定

今天。因为今天对昨天来说是明天，而到了明天则会变成昨天。

伟大之处

阿拉塔和欧络因的话相互矛盾，所以两人中必定有一个人说的是真话。所以，库茹莫在撒谎，因此他（如果用西方语称呼他，就是萨鲁曼）才是五个巫师中力量最为高强的。

五军之战

实际上，诺力是三人中战功最为显赫的。

在杀敌速度方面，多利与波佛的比例是5:2，而多利与诺力间的比例则是3:4，也就是说，三人按照由高到低的顺序，比例为20:15:6。

在挥锤效率方面，诺力以5:1领先多利，却以3:5输给了波佛，也就是说，三人按照之前的顺序，比例就是15:3:25。

在敌人强壮程度方面，波佛的敌人一个顶诺力的四个，而多利的一个敌人则又顶波佛的三个，所以按照之前的顺序，三人的比例就是1:12:4。

将比分加起来，那么诺力的得分是36，多利的是30，而波佛的则是35。

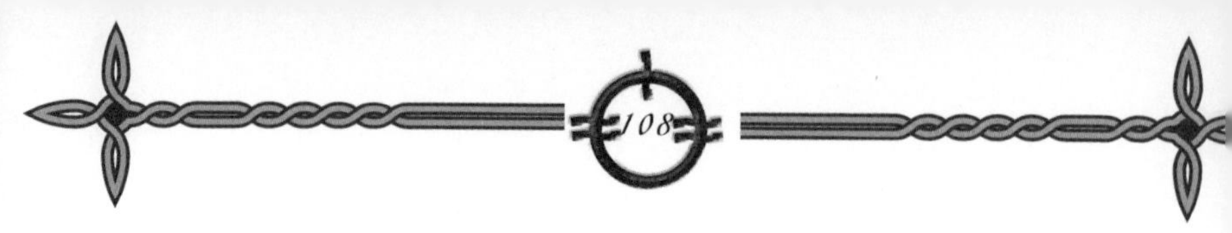

生死时速

不能。大个儿的动物将会在240秒后追上小个儿的，这时它已经追出了2880英尺。

野兽之谜

羽毛笔。

甘姆维奇

捡起路牌，将路牌上标注有霍比屯的路标指向你走来的方向。这样，其他路标就都会指向正确的方向了。

疯人拜格斯

在18年的时间中，如果每年的复利都是50%，那么如果本金是200法新，到了最后，财产的总额就会达到295578.38法新。

战后休整

只需打开一个。假设三个矮人都拿错了背包，如果波佛拿到了多利的背包，那么多利手中的背包就肯定是诺力的，而诺力拿到的则肯定是波佛的，因为如果波佛和多利相互拿错了背包，诺力就肯定拿到了自己的背包。同样地，如果波佛和诺力相互拿错了背包，那么多利就肯定拿到了自己的背包。

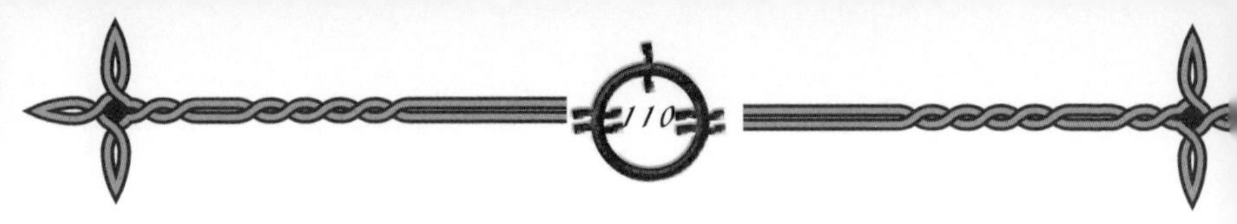

傍水镇

浩博是头脑简单的蠢蛋，托德脾气不好，波姆是酒鬼，罗恩是自以为是之人……另一种情况是，波姆是头脑简单的蠢蛋，托德是自以为是之人，浩博脾气不好，罗恩是酒鬼!

殉难者

研钵。

站立

脚跟（假设我是往前走的）。

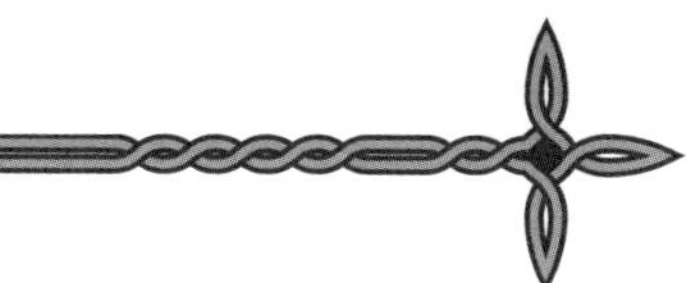

家族关系

有同一个曾祖父，但是差了两辈。

排兵布阵

一共有1023名精灵战士。想要保证能够按照精灵国王的想法，确保能够调遣任意数量的士兵，就只能按照等比数列的方式分配兵力，每组的人数分别为1、2、4、8、16、32、64、128、256、512。

班多

七个李子。由于一个桃子的重量与六个李子和一个苹果的相同，而且一个桃子加上三个苹果的重量与十个李子相同，所以李子的重量是与苹果相同的。

淡啤酒

两者中的掺入量相等。在比尔博来回倒酒前和倒酒后，两个酒罐中液体的量都没有发生变化。所以，由于酒一点都没少，那么无论黑啤酒中混入了多少淡啤酒，淡啤酒中就肯定也混入了相同量的黑啤酒。

好伙伴

四个基本方位，即东、西、南、北。

年龄

108。如果x/6 + x/4 + x/2 + 9 = x，那么11/x + 9 = x，所以x = 9 × 12。

金脊

问一个答案只能是肯定的的问题，比如“你是特洛加·金脊吗？”

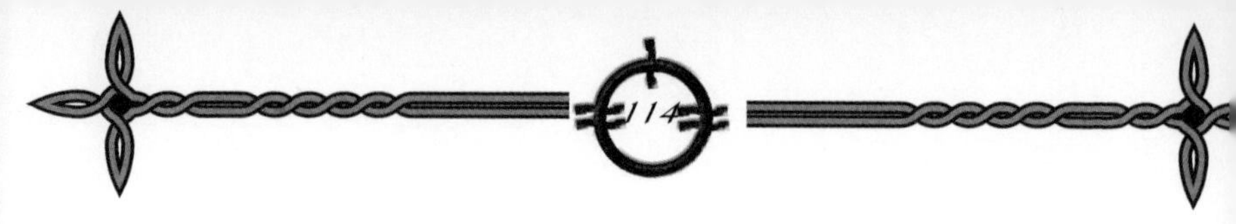

活力无限

洞。

歌手

鼓。

入侵者

他妻子刚生了小孩。

摩瑞亚

首先着手分析每个数字最多都需要几个石板。对1来说，有111和三个有两个1的数字，那么1就需要9块石板。0的情况有些不同，不可能同时出现三次，所以8块就够用了。9一个都不需要，因为只要把6倒过来就好了，但由于有四个数字会完全由6和9组成，所以必须要有12块上面刻有6的石板。最终的结果便是：8+9+9+9+9+9+12+9+9+0 = 83。

礼物

棺材。

通讯问题

每六封中会有五封到达收件人处，而收件人的回复中，同样也是六封中有五封会到达寄件人处。所以概率是25/36，即69.4%。

百折千转

钥匙。

遗嘱

关键性的数字为36，据此可以得出，每个人收到金币的数量按照从多到少的顺序，分别为：1296、72、38、36、34、18、6。

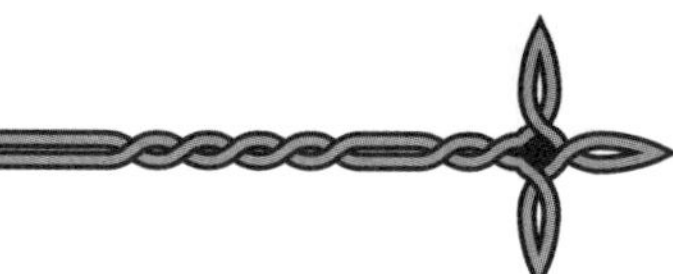

叛徒

叛徒是西瑞安。如果安拿迪尔是犯人，那么就只能推测出卡斯特吉尔在楼上的花园。如果卡斯特吉尔是犯人，那么就无法做出任何推测。但是，如果西瑞安在起居室，那么卡斯特吉尔就会在楼上的花园，安拿迪尔就会在宴会厅，奥斯托尔就会在大厅，瓦尔拉瓦尔就会在大阳台，而塔龙德则会在图书馆。

蛇蝎之爱

葡萄酒。

色斯文 一

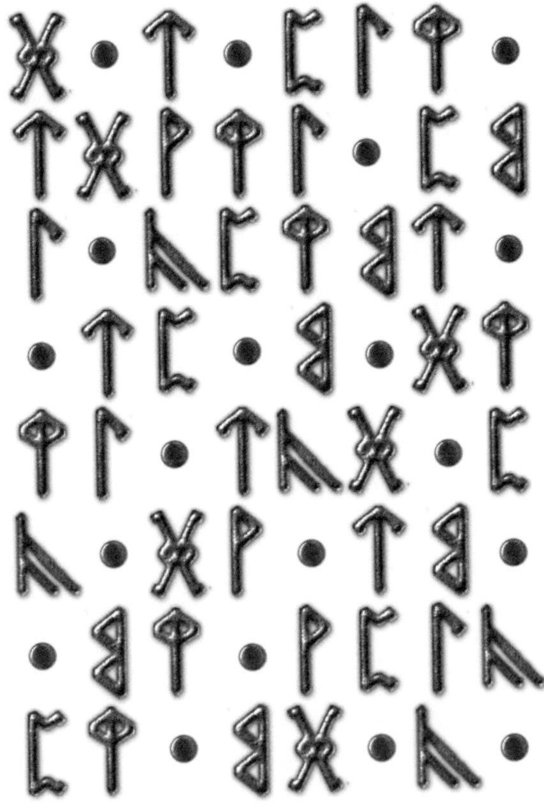

窗户

七窍，即眼睛、嘴、鼻孔、耳洞。

双胞胎

诺瑞是站在右边的那个。两个人都会回答“是我”，但只有诚实的那个人才会正确地说出另一人肯定会做出的回答。

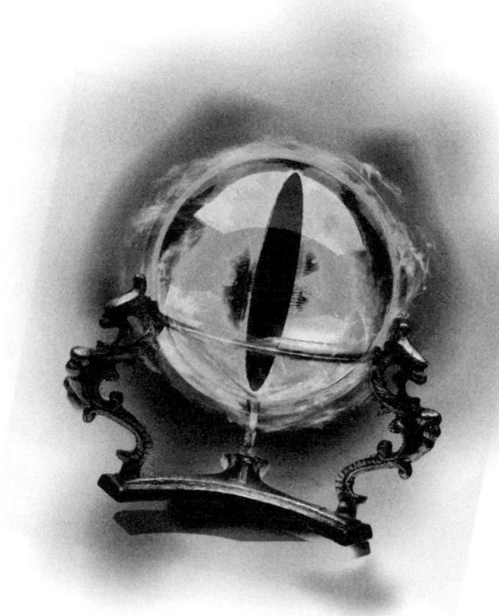

紧追不舍

正午。

直来直去

无论是诚实的人，还是撒谎成性的人，都不会否认自己从不撒谎，所以第一个人是既会撒谎，又会讲真话的普通人。同理，撒谎成性的人也不会否认自己像普通人一样，所以第三个人是诚实的人，那么第二个人就是撒谎成性的了。

堡垒

蜂巢。

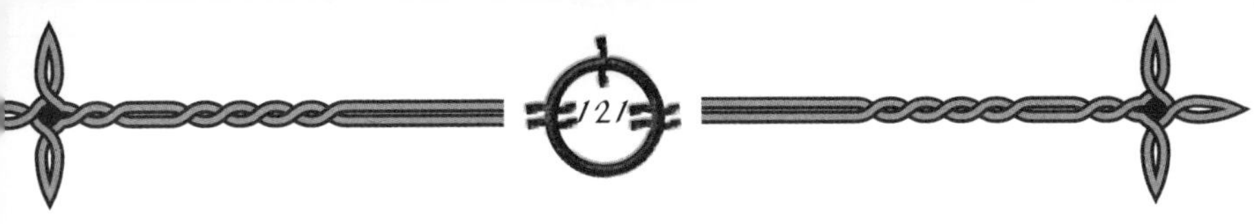

骑手

老人走52步用掉的时间，就够骑手走完总共312+52步的全程，即364步。364/52 = 7，所以，骑手的速度是老人的7倍，即每小时21英里。

道路

痛苦。

赶集

弗拉姆有10头猪和1匹马。希尔罗有6头牛和1匹马。巴尔德尔有20只羊和1匹马。

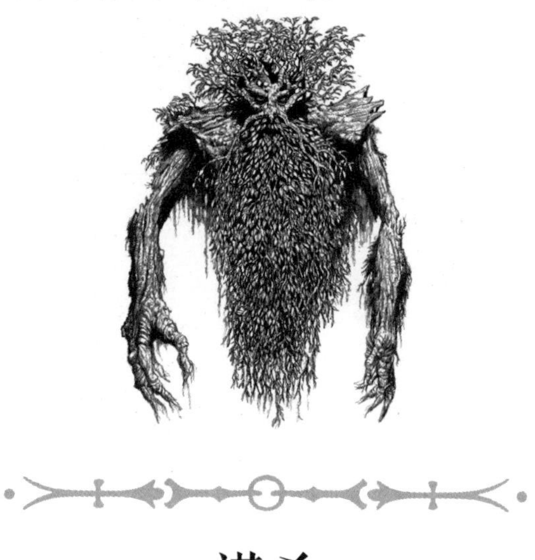

谋杀

符合题面描述的最少人数是7人，即一对夫妻、他们的三个小孩（两个女孩和一个男孩），以及丈夫的父母。

蝴蝶效应

油灯。

赌马

下注的情况为，赔率为4–1的骑手105先令、5–1的84先令、6–1的70先令、7–1的60先令。根据题面的描述，4a = 5b = 6c = 7d = a+b+c+d+101 = x。所以说，x肯定是4、5、6、7这四个数字的公倍数，那么显而易见地，x的数值就是420，只要分别除以4、5、6、7，就可以得到每个赌注的钱数。105+84+70+60+101 = 420。

囚徒

一对马刺。

色斯文 二

跑路高手

鞋子。

哥拜兹

7年。那时候他的年龄就是29岁，而博尔多格则是87岁。

努曼诺尔

因迪尔扎。由于贝撒加既没有被与因迪尔扎锁在一起，又没有和艾巴塔在一起，所以他肯定在锁链的一端，与尼姆鲁兹锁在了一起。所以说，贝撒加唯一剩下的位置就是在锁链的另一端，与因迪尔扎在一起。

财富

120袋。按照正常情况，每周会有20个人来领取救济，每个人获得6袋；如果少5个人，那么就相当于15个人，每个人领取8袋；如果多来4个人，情况就会是24个人，每人领取5袋。

盲人指路

指方向的手指。

夏尔逸闻

两个寡妇，每个人都有一个成年的儿子，两个寡妇分别与对方的儿子结婚，在婚后各自生下了一个女儿。

夺路而逃

在10小时7分钟（12秒）后。首先骑手必须带着受伤的人逃走，将其带到距终点5.85里格的地方，用时4.27小时。之后，骑手就会原路返回，在稍稍超过2.5小时时遇到没有受伤的人，此时，他已经走了6.83小时，完成了13.66里格的旅程。两人完成剩下的26.34里格将会耗时3.29小时。

井

嘴。

兽群

在计算巨鸟腿的数量时，将两只长有四条腿的考虑在内，多计算四条腿，那么兽群中就有24只巨鸟和12只野兽。

静动如一

沙漏。

精灵宝石

哈拉斯是凶手。西力斯尔和特刚迪尔两个人敢在国王面前撒谎。

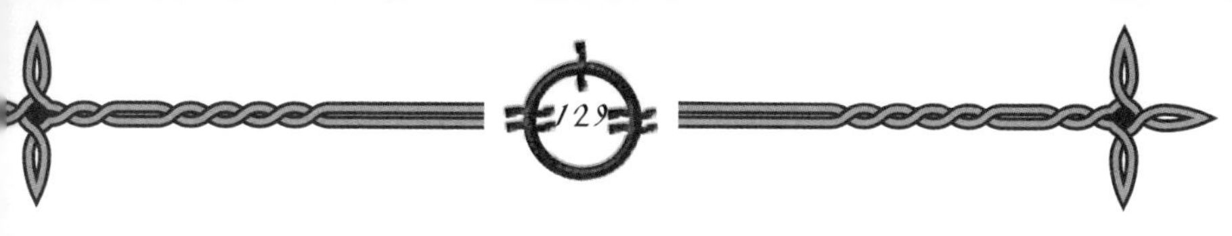

物件

眼皮。

刺探敌情

攀爬者小队的腕带肯定是红色的，那么追踪者小队的肯定就是白色的。观察者小队的腕带不是黄色的，那么就肯定是蓝色的，所以潜行者小队的腕带就只可能是黄色的了。

受气包

陀螺。

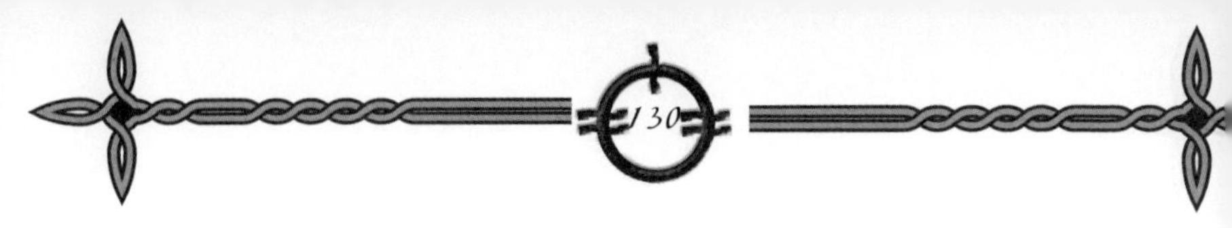

天真无邪

玫瑰。

勇往直前

“伊欧墨走到了山谷的中间，在自己身后点火，火的方向与兽人点的火相同。然后，他就退到被自己点的火烧过的地方，躲开了兽人之火的炙烤，然后便骑上他的马“火足”，冲破了那群兽人的围堵。

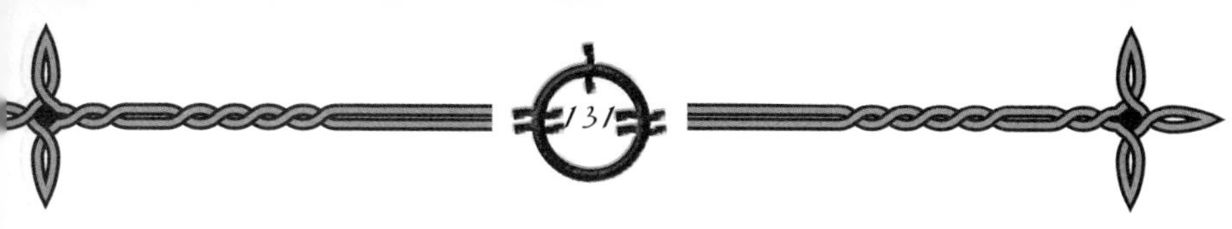

尖鼻子

耐夫吉尔和非吉的年龄分别是20岁和64岁。

羊毛

如果43枚撒尼银币能够令商人获得25%的利润，那么混合羊毛的成本价就是34.4枚，所以其中有70%的劣质羊毛和30%的优质羊毛。

野人

64岁。族长有8个儿子，每个儿子又有7个儿子，也就是总共56个孙子。

安眠

蝙蝠。

致命游戏

7/18的油和11/18的水。如果将大桶的体积算作1，其中就有三分之一桶的油、三分之二桶的水，而小桶中则相当于四分之一桶的油和四分之一桶的水。加起来以后，大木桶中就相当于有（1/3+1/4）桶的油和（2/3+1/4）桶的水。

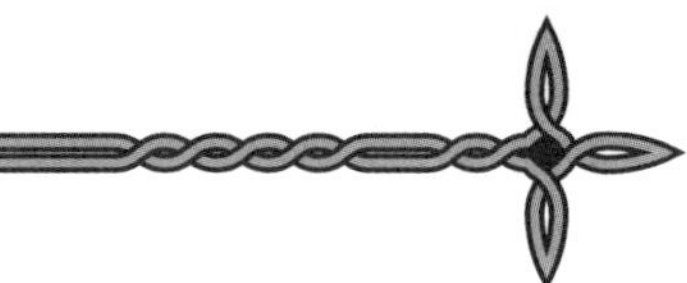

公主

双眼。

行军

35码。假设队列的长度是x码，那么再假设信使每走一步，队列就会前进y码，导致信使的路程增加。考虑到信使能够将信息传达到队首，所以y值肯定要小于1码，所以$x + 140y = 140$。同理，在返回的过程中，$x-20y = 20$。所以，$y = 120/160$，也就是四分之三码，据此得出，$x = 35$码。

数绵羊

共有180只羊。最后平均分配的结果是每个人45只羊；而最开始的时候，艾于敦有60只，包尔德有50只，考尔德有40只，达有30只。

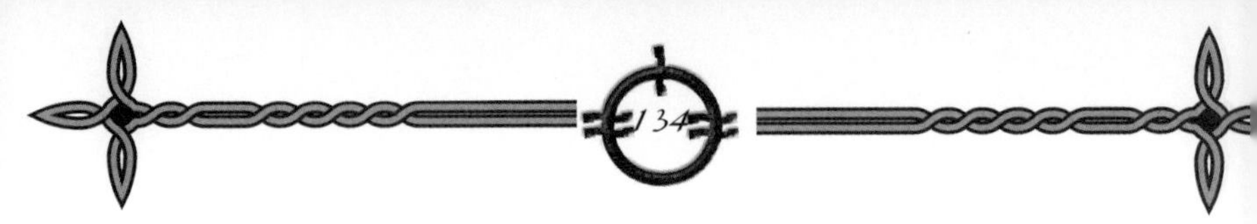

骑桌难下

只要吹气就好。在吸气时，空气从各个方向进入你的口中，不会在任何特定方向产生很大的力，但在呼气时，气流却是集中的，尤其是当你用力呼气时。由于桌子没有摩擦力，所以只需呼气，你就能滑到桌子外。

双胞胎

天平的两个托盘。

刚铎

16.25里格。

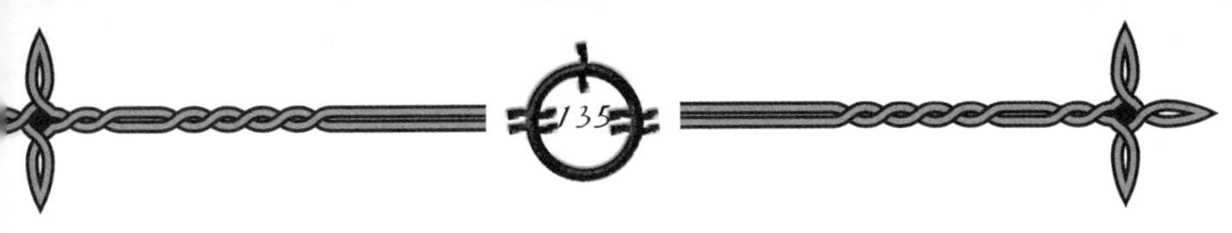

始祖

影子。

的确如此

爱。

哈拉德人

麻穆阿罕说自己是无辜的，并且赫鲁莫的指责是谎言。由于每个人都只能说一个谎，所以这两条都应当是真话，而结论则是，既不是他，也不是山加海彦多干的。赫鲁莫和达拉米尔都指责麻穆阿罕，而我们已经知道这是一则谎言，因此他们声称自己无辜的话都不是谎言。所以，富努尔是打碎石板的人。

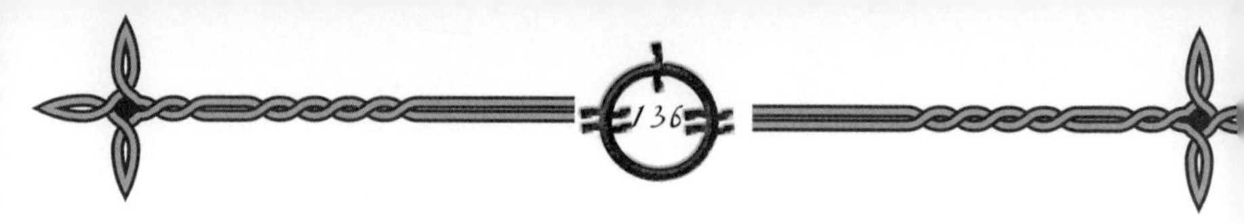

色斯文 三

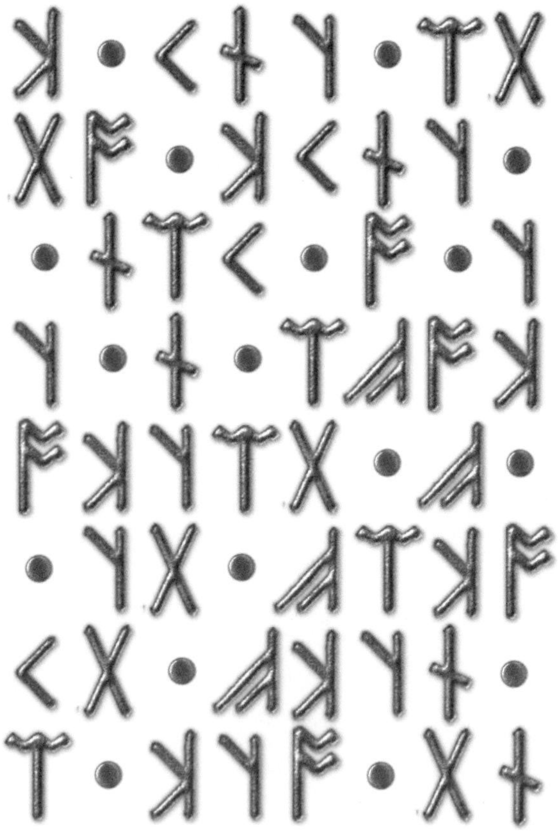

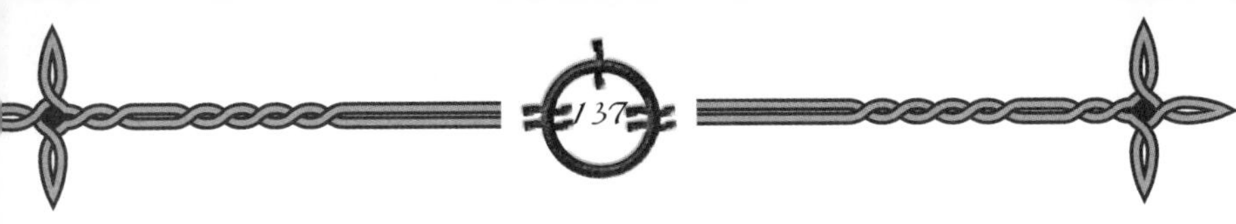

赛壬

啤酒。

玩忽职守

第4根。在一个来回中，除去第一个和第二个被数一次，剩下的柱子都会被数两次，所以一个来回中共有12根柱子。求1000与12的商，就可以得到83个来回，余出来4根。

箍桶匠

22天。根据题面提供的信息，可以得出两个人的平均工作效率，但需要注意的是，题面中给出的天数都是两个人共同工作的天数。所以，如果艾加摩斯和法伦两个人各完成50个桶，用掉的时间就会是32天。同理，艾加摩斯 + 帕拉米尔 = 36天，法伦 + 帕拉米尔 = 40天。这样，我们就得到了一组联立方程，在计算后可以得到，艾加摩斯独自完成需要14天，法伦需要18天，而帕拉米尔则需要22天。

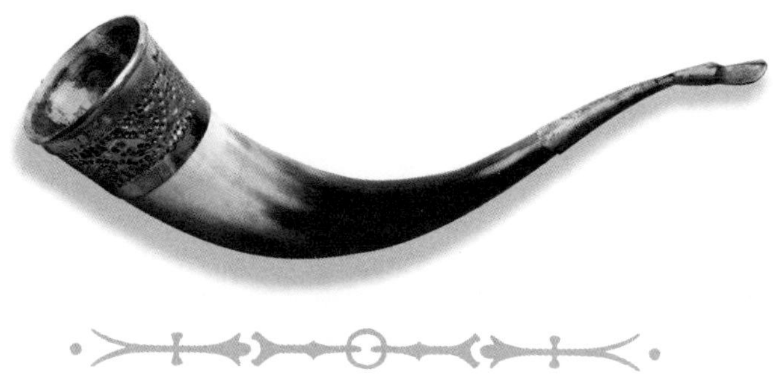

恶意满满

跳蚤。

九人行

2小时36分钟。在第一个小时中，车夫载着三个人向前行驶12英里，然后掉头空驶8英里。在这段时间中，其他六个人在走了4英里后与车夫碰面。之后车夫如法炮制，载其中的三人向前行驶12英里，至16英里处，与第一组的三人会合，之后空驶回到8英里处。之后，车夫只需载着剩下的三人，走完剩下的12英里就可以了，而这一段路程所用的时间则是12/20小时，即36分钟。

九只候鸟

当然是五只了，就是被射死的那五只。

安格玛

200个男性和50个女性。如果将女性的数量设为x，男性的设为y，那么一开始时$x + y = 250$。如果男性囚犯人数增长倍数为z，这样就可以得到（$x + 3zx$）+（$y + zy$）= 2000。增长倍数z为5，所以男性增长了1000人，女性则增长了750人，所以最后一共有1200个男性囚犯，800个女性囚犯。

劈柴能手

在天平的一端放上50磅的砝码，另一端放上90磅的，就可以称出一堆40磅的木柴。在如此称量4次后，剩下的木柴也将会是40磅。之后不用砝码，直接将每堆木柴在天平两端称量，直至天平平衡，得到两堆各重20磅的木柴为止。

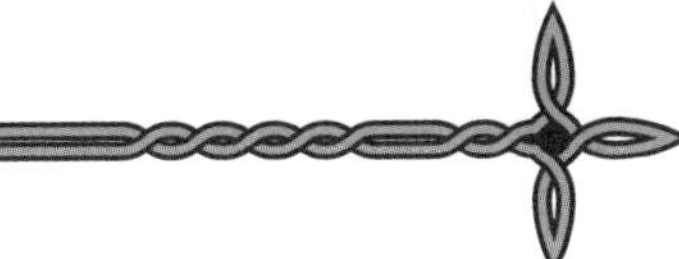

地牢

能够逃离，条件是必须在第19分15秒时通过第一道大门，而且此时距打开牢门的时间不能超过9秒。各道大门的打开时间均为35秒的倍数，具体分别为三倍、两倍、五倍、四倍和一倍。想要逃出去，就必须保证各道大门按照顺序依次打开，所以将会耗时4×35秒，即2分20秒。每两次全部打开时间的间隔为35分钟，即35秒的60倍。所以，想要逃跑的话，囚犯就需要在0—60内选出5个连续的数字，分别能被3、2、5、4、1（此项肯定可以满足）整除。符合条件的4个数字只有33、34、35和36。因此，囚犯应当在第33个35秒时逃跑，即33×35＝1155秒。只不过想要取消警报，似乎就有些来不及了。

邦斯

答案只可能是莉莉·邦斯39岁；安得威斯21岁；尼克和拉格是双胞胎，年龄为18岁；安洁莉卡和朵拉则分别为12岁和9岁。

炎魔的诅咒

前五句是真话，剩下的都是假话。根据经验，在遇到这类问题时，只要句子的数量为偶数，就会有一半是对的，一半是错的——只要用一个只有两句话组成的谜题试验一下你就会明白了。所以其他的可能性都不能自圆其说。如果句子的总数是奇数，就没有什么在逻辑上行得通的解谜方法了。

信心

明天。

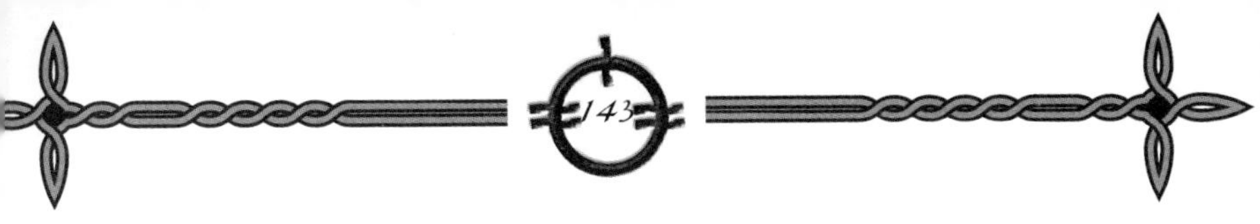

大敌当前

第一个军团5670只，第二个6615只，第三个3240只，第四个2730只，第五个2772只。将题面中的比例换算成等值分数，使所有的分子都相等，得到分子为630，据此得出第一次估算的结果，分别为1890、2205、1080、910、924。但是，这五个数字的和只有7009，远小于21000只兽人的总数，但只需将第一次计算得到的数值乘以3，就可以得到答案了。

异兽

凿子。

同甘共苦

一双鞋。

货运问题

马驮运的一定是油。如果驴子是驮葡萄酒的，那么马就不能驮葡萄酒，只能驮油；如果驴子驮油，骡子就必须驮葡萄酒，而由于如果马驮了葡萄酒，骡子就必须驮油，但在此情况下，骡子不能驮油，所以在保证不矛盾的情况下，马也就只能驮油了。所以说，无论如何，马都必须驮油。